W-C
BOOK
2008

Pascal Petiot Editions

ISBN : 978-2-84814-060-5

Suivi éditorial et mise en page intérieure
Maud FANDRE

Illustrations originales intérieur
Sabine NOURRIT

Conception et réalisation
couverture et jeux
agence LE FLOCH ET MOI / Marseille

W-C
BOOK
2008

Synonymes de derrière

Les miches, le valseur,
l'arrière-boutique,
le fion, les fesses,
l'arrière-train, le cul,
la lune, le fondement,
le pétard, les meules,
le popotin, le derche,
le prose, la croupe,
le drageot, le uc.

UN HOMME SE REND CHEZ SON MÉDECIN :

- Malheureusement, cher monsieur, il ne vous reste plus longtemps à vivre. Il faut dire que vous n'avez jamais mené une vie saine...

- *C'est* vrai... Et si j'arrête l'alcool, la cigarette, les femmes et le jeu, est-ce que je vivrais plus longtemps ?

- Non. **MAIS LA VIE VOUS SEMBLERA PLUS LONGUE...**

Chaussures mouillées

Pour faire sécher
des chaussures mouillées
rapidement, remplissez-les
de papier journal.
Le papier imbibera l'eau des
souliers.
Vous pouvez aussi envelopper
complètement vos chaussures
de journal en plus de les avoir
remplies.

Le bonheur...

L'explication du malheur de bien des gens, c'est qu'ils ont le temps de se demander s'ils sont heureux ou s'ils ne le sont pas.

George Bernard SHAW

Si on bâtissait la maison du bonheur, la plus grande pièce serait la salle d'attente.

Jules RENARD

Quand je vois quelqu'un qui veut faire mon bonheur, je passe sur le trottoir d'en face.

RIVAROL

On n'est jamais si malheureux qu'on croit ni si heureux qu'on avait espéré.

François de LA ROCHEFOUCAULT

Si on voulait seulement être heureux, ce serait peut-être bien vite fait ; mais on veut être plus heureux que les autres, et cela est presque toujours difficile, car les autres nous paraissent plus heureux qu'ils ne sont.

MONTESQUIEU

Si on raconte son bonheur, on le diminue.

Marcel ACHARD

Le bonheur, c'est un bon compte en banque, une bonne cuisine et une bonne digestion.

Jean-Jacques ROUSSEAU

57 lettres

Le village au nom le plus long se trouve au pays de Galles. Il s'appelle :

Llanfairpwllgwyngyllgogerychwyrn-drobwllllantysilio-gogogoch.

Jeux d'articulation

Dire 10 fois très vite :

L'abeille coule dans le miel.

Dire 10 fois très vite :

Un plat plein de pâtes plates.

hi hi hihi

HUMOUR

Alphonse (92 ans) et Louise (87 ans) ont décidé de se marier. Ils se rendent à la pharmacie du coin et Alphonse demande au pharmacien :

— Avez-vous des médicaments pour le cœur ?

— **OUI, MONSIEUR**, répond le pharmacien.

— Avez-vous des médicaments pour la circulation ?

— **MAIS BIEN SÛR, MONSIEUR.**

— Et des médicaments pour les rhumatismes ?

— **BIEN ENTENDU, MONSIEUR.**

— Et du viagra ?

— **MAIS OUI, MONSIEUR.**

— Et des médicaments pour la mémoire ?

— **OUI, OUI, MONSIEUR.**

— Et aussi des vitamines ?

— **BIEN ENTENDU, AUSSI, MONSIEUR.**

Alphonse se tourne alors vers Louise et lui dit :

— Oui tu as raison, on va déposer notre liste de mariage ici...

ON A OUBLIÉ DE METTRE DES PRÉSERVATIFS SUR LA LISTE DE MARIAGE...
NE T'INQUIÈTE PAS ALPHONSE ! JE METTRAI UN STÉRILET !!
PHARMACIE
Sabine NOURRIT

Concordances

Jamel Debbouze est un grand fan de Louis de Funès. Il regarde " La Grande vadrouille " au moins une fois par mois. C'est aussi le cas d'**Axelle Red** : en effet, l'acteur français ressemblerait à son père, lui aussi disparu.
La tante de **Renaud** est obstétricienne à Avignon. C'est elle, par ailleurs grande militante du parti socialiste, qui a mis au monde **Mazarine Pingeot**, la fille de **François Mitterrand**. Renaud et l'ancien président, qui s'appréciaient beaucoup, partageaient ce petit secret.
Serge Gainsbourg avait un point commun avec **Mike Brant** : tous deux ne portaient jamais de chaussettes.
Mireille Darc, tout comme **Elie Semoun**, débarrasse toujours la table lorsqu'elle est invitée à dîner.
Sophie Thalmann a entièrement décoré son appartement de meubles et d'objets "peau de vache". C'est aussi le cas de **Loana**.

Animaux insolites

Le plus gros exportateur de chameaux au monde est norvégien.
Le fil tissé par l'araignée est aussi solide qu'un câble en acier de la même taille.
L'âne a les yeux positionnés de telle sorte qu'il peut voir en même temps ses quatre sabots.
Si vous faites boire de l'alcool à une fourmi, vous remarquerez qu'une fois ivre, elle tombera systématiquement sur le côté gauche.
L'albatros est le seul oiseau qui peut voler en dormant.
Un élan possède quatre estomacs.
Le cafard est le seul animal qui survivrait à une attaque nucléaire. Si on lui coupe la tête, il ne mourra qu'au bout de neuf jours, de faim.
Les cornes du rhinocéros sont composées de poils agglutinés les uns aux autres.
La grenouille ne boit pas d'eau. Elle s'hydrate tout simplement au contact d'un environnement humide.

Nettoyage des lunettes

Pour bien nettoyer ses lunettes, il suffit d'utiliser une petite brosse à dents très douce. Avec un peu de savon à vaisselle, brosser doucement les verres. Sécher ensuite les lunettes à l'aide d'un papier mouchoir.

La maîtresse demande à Momo :

- Pourrais-tu chanter une chanson que nous avons apprise en classe cette année à Monsieur l'Inspecteur d'académie ici présent ?
- Oui, Madame.
- Alors, laquelle, Momo ?
- Les **TÉTONS**.
- Les... quoi ?
- Les **TÉTONS**, Madame.
- Je ne connais pas cette chanson !

L'inspecteur intervient et demande à Momo de la chanter quand même :

- **LES TÉTONS PETIT NAVIIIREEEEEEU, LES TÉTONS PETIT NAVIIIREEEEEU...**

Le massage de pied

Un bon moyen de se relaxer consiste à se masser les pieds. Assis sur une chaise ou aux toilettes, prenez un pied dans vos mains. Débutez le massage en pratiquant de petits mouvements circulaires avec les deux pouces sur toute la surface de la plante du pied. Ensuite, avec un poing fermé, tapotez doucement la voûte et le talon, puis étirez chacun de vos orteils. Terminez en massant tout le pied, de la pointe vers la cheville.

WC-stretching étirement des cuisses

Accroupissez-vous, genoux pliés, les fessiers en appui sur les talons, les deux mains en appui au sol et placées devant les pieds. Vous pouvez décoller légèrement les talons du sol.

Tendez lentement et progressivement les jambes tout en expirant, jusqu'à sentir l'étirement derrière les cuisses. Il est fort possible que vous ne puissiez pas tendre les jambes les premières fois, mais si l'exercice est réalisé régulièrement, vos jambes se tendront très rapidement.

Restez 30 secondes dans cette position et revenez lentement à la position de départ en pliant les genoux, tout en inspirant.

Le chant du coq

En chantant, le coq délimite son territoire, qui s'étendra jusqu'aux endroits où les autres coqs ne peuvent plus l'entendre. Il a donc tout intérêt à se faire entendre le plus loin possible.
Le coq chante le matin, car c'est le moment de la journée où il est le plus actif. Dans la journée, vous noterez que le coq continue de chanter mais de manière moins agressive, car il chante pour ses femelles. Il fait en effet savoir aux poules qu'il les protège.

Jeu

SUDOKU

Niveau facile

3	4	1		8		9	7	6
9	2	5	7		1			
		6			4	1	2	5
	5	9	6	1				
2	1					6	3	9
	8	3	9		7		5	1
1			9	7		5	6	4
		9	5	4		2	1	3
5	6		1	3	2		9	

Solution p 670

Manifestants à louer sur Internet

Pour 10 à 30 euros de l'heure, erento.com, un site Internet allemand, propose de louer des manifestants pour n'importe quelle cause, hormis celles à caractère raciste ou xénophobe. Ce site spécialisé dans la location de projecteurs cinéma, DVD et CD
Plus de 300 individus peuvent être réservés à l'heure ou à la journée. Les prix vont de 10 euros de l'heure à 145 euros pour la journée. Les organisateurs mal préparés peuvent également louer des mégaphones, des camions sono et même des vêtements de travail. L'idée de cette offre est née dans l'esprit du co-fondateur d'erento.com, après une initiative de la Fédération nationale des médecins conventionnés allemands. Celle-ci avait investi près de 5000 euros pour payer 170 étudiants et chômeurs pour venir grossir les rangs de leur rassemblement devant le Parlement allemand, pour protester contre une réforme de la santé. Les manifestants devaient effectuer une chaîne humaine pendant une heure pour une action destinée à la presse et à la télévision.

Un animal en bonne santé

Si votre chat aime le beurre, donnez-lui en un tout petit morceau tous les jours, son poil n'en sera que plus beau, brillant et doux.

De même, ajouter une fois par semaine l'eau de cuisson des légumes aux aliments secs des animaux domestiques, ce qui augmente leur apport en minéraux.

Une maman mille-pattes compte les jambes de son nouveau-né :

- Un... deux... trois... quatre... cinq...

Une demi heure plus tard :

- Neuf cent quatre-vingt dix-huit... neuf cent quatre-vingt dix-neuf... mille... mille et une ! **C'EST UN GARÇON !**

Le bouc émissaire

Dans l'Ancien Testament, la fête de **Yom Kippour** ("l'Expiation") était célébrée par le sacrifice d'un bouc appelé **Azazel** ("l'émissaire"), chargé de porter symboliquement les péchés des fils d'Israël et cassé dans le désert. L'expression de bouc émissaire désigna par la suite une personne chargée des reproches des autres et servant d'intermédiaire entre les hommes et Dieu.

Test

Etes-vous superstitieux ?

Votre devise, à propos du destin :

◆ Qui vivra verra.

■ Nous sommes tous maîtres de notre destin.

● On n'échappe jamais à son karma.

En 2007, il y a eu deux vendredi 13 :

● Vous avez évité de faire quoi que ce soit d'important ces jours-là.

■ Ils ont été des jours comme les autres, sans grand intérêt.

◆ Vous avez joué au loto, aux jeux à gratter, et même au tiercé.

Vous venez de casser le miroir de la salle de bains, vous craignez :

■ de vous couper en ramassant les morceaux.

◆ de vous faire engueuler.

● de connaître sept ans de malheur.

Chez des amis, vous vous retrouvez treize à table :

✗ ■ Vous le faites remarquer aux autres invités, pour voir leurs réactions.

● Vous simulez un appel de la baby-sitter et vous partez en vous excusant.

◆ Vous proposez discrètement à vos hôtes d'appeler un ami.

Dans la rue, une gitane propose de vous lire les lignes de la main :

● Vous refusez de peur qu'elle vous annonce des catastrophes.

✗ ■ Vous l'envoyez poliment promener.

◆ Après avoir tendu votre main, vous tendez celle de votre petit(e) ami(e) pour en savoir plus.

La semaine prochaine, vous devez prendre l'avion :

◆ Vous consultez votre horoscope pour savoir si la date est propice.

✗ ■ Vous appréhendez un peu, tout en sachant que c'est le moyen de transport le plus sûr.

● Vous prenez quelques tranquillisants, pour ne pas céder à la panique.

À table, vous pouvez vous mettre en colère

■ si on vous raconte des histoires qui vous coupent l'appétit.

✗ ◆ si on pose le pain à l'envers.

● si on renverse du sel.

Dans la rue, une échelle passe au-dessus du trottoir :

◆ Vous la contournez soigneusement et changez même de trottoir.

● Vous vérifiez que rien ne risque de tomber de l'échelle, avant de passer.

■ Vous passez dessous sans faire attention.

2008, l'année du rat :

■ Vous ne vous souvenez pas de votre signe chinois.

● Vous avez décidé de ne plus lutter contre les souris chez vous.

◆ Vous espérez qu'elle sera meilleure que l'année du cochon.

Résultats

Majorité de ■

Étant un esprit rationnel, il vous est difficile de comprendre que l'on puisse croire à toutes les sornettes que l'on raconte. Votre devise est : " je n'y crois pas tant que je ne l'ai pas vu. " Réfractaire, donc, à toute forme de superstition, il vous arrive cependant de vous y intéresser, mais uniquement pour jouer avec la crédulité des autres et pour les provoquer. Mais cette volonté féroce de ne jamais croire aux signes du destins ne démontrerait-elle pas une touche de cynisme ?

Majorité de ●

Superstitieux en diable, avec vous, il ne faut pas rigoler de ces choses-là. Voyant des signes partout, analysant ce qui vous arrive pour en comprendre l'origine et essayer de trouver la réponse appropriée, vous ne cessez de chercher des clés. Pour vous, les forces mystérieuses qui nous entourent nous envoient des indices pour ne pas tomber dans les embûches de la vie. Mais, étrangement, ces signes sont souvent funestes et ne vous annoncent jamais rien de bon. Ne seriez-vous pas un tantinet négatif, et la superstition un moyen de vous en défendre ?

Majorité de ◆

Tout en étant une personne réaliste et douée de bon sens, vous savez que la vie apporte sans cesse une part de mystère que vous ne pouvez pas toujours expliquer. Vous aimeriez bien ne pas trop y croire. Il n'empêche qu'il y a des phénomènes inexplicables auxquels vous vous laissez aller à croire. Si tout avait son explication scientifique, la vie perdrait en poésie, non ? Ne vous en défendez pas, vous êtes donc un(e) superstitieux(se), mais un(e) superstitieux(se) positif(ve), qui croit aux bonnes fées, aux anges gardiens et aux bonnes étoiles... bref, à la beauté de la vie.

Quelques gros ratages cinématographiques

Nelly et Monsieur Arnaud, 1994
Emmanuelle Béart est dans l'incapacité de jouer pendant 15 jours, à cause... d'un bouton de fièvre. Coût : 1,5 million de francs.

Au plus près du paradis, 2001
Tonie Marshall devait commencer à tourner son film à New York le... 11 septembre 2001. Le tournage déménagea en catastrophe au Canada et l'Empire State Building fut reconstitué en studio. D'une certaine manière, mieux valait-il que leur autorisation de tourner leur soit retirée, puisque c'est l'assurance qui dut payer les 500 000 euros de préjudice.

Don Quichotte, 2000

Pour ce film ambitieux, Terry Gilliam a eu tous les déboires possibles : orages diluviens changeant le paysage et emportant le décor, avions militaires survolant le tournage... Et pour couronner le tout, Jean Rochefort, jouant Don Quichotte, est atteint d'une sciatique l'empêchant de monter à cheval, et renonce. Le film ne verra pas le jour et reste le préjudice le plus coûteux de l'histoire du cinéma : 20 millions de dollars (dédommagements des acteurs Vanessa Paradis et Johnny Depp, avanies, remboursements des maisons de production...). Un documentaire, Lost in la Mancha, relate l'histoire de ce tournage raté.

Les Femmes de l'ombre, 2007

Jean-Paul Salomé voit sa principale actrice, Laura Smet, quitter le tournage pour raison de santé. C'est Marie Gillain qui la remplace, après dix jours de tournage non récupérables.

Conserver les pinceaux

Pour conserver ses rouleaux et ses pinceaux sans avoir besoin de les laver chaque jour, enveloppez-les et mettez-les au congélateur. Pour les dégeler, les passer sous l'eau froide (pas d'eau chaude), ils dégèleront en quelques secondes. Ce truc n'est utilisable que pour la peinture à base d'eau.

La maîtresse demande à Momo :

- Peux-tu me donner le nom d'un **ANIMAL TRÈS FÉROCE** ?

- Le **CROCOLION**, Madame !

- Le crocolion ? Mais ça n'existe pas !

- Si, Madame. Devant c'est une tête de crocodile et derrière une tête de lion !

- Ah oui ? Et comment il fait caca ton animal ?

- **IL PEUT PAS !** C'est pour ça qu'il est très féroce !

Perles de rugby

Un pack de 8, vous rigolez ! Nous, ce qu'il nous faut, c'est un pack de 24 minimum !

C'est pas le moment de se faire mettre les expulsés dehors !

Notre devise, vous la connaissez : le gnon fait la force.

Je ne tiens pas à ce que les demis fassent les choses à moitié.

Aujourd'hui, on applique la règle des 3 C : des couilles, du cœur et... des couilles.

Vous le savez tous : aujourd'hui, c'est les quarts de finale. Nous sommes donc dans les 10 meilleures équipes.

Eh, le 7, décide-toi avant de jouer : t'es GENTIL ou t'es MÉCHANT ?

Mais putain, relevez-la cette mêlée, et arrêtez de vous faire enculer par-devant.

Moi, je veux pas jouer deuxième ligne. Je veux jouer numéro 4 ou numéro 5.

Toi, l'arrière, ne t'isole pas tout seul, isole-toi à plusieurs.

Trente à zéro à dix minutes de la fin. Il n'y a plus que la neige qui peut nous sauver. Trente bons centimètres de neige et on annule le match.

Ces mecs en face, faites attention : ils sont champions de France en Angleterre.

Le con, il m'a pété une dent ; déjà qu'il m'en restait plus que quinze !

Avec 3 cartons rouges, ils vont finir par faire du rugby à XIII.

Débrouillez-vous pour tomber parallèlement au sol !

Les consignes de jeu, c'est facile à retenir, c'est comme à la buvette : pression, pression, pression !

Bon, il faut rester ludique !

Morale d'acier, défense de fer, et on gagne tous au zinc !

Les langues les plus parlées au monde

1- Mandarin	1 080 millions
2- Anglais	508 millions
3- Espagnol	382 millions
4- Hindi	370 millions
5- Français	290 millions
6- Russe	285 millions
7- Arabe	230 millions
8- Portugais	218 millions

Le savoir-vivre par mail

Pratiques et rapides, les mails remplacent de plus en plus le courrier postal ou le téléphone. On peut cependant remarquer qu'ils font l'objet de peu de soin : fautes d'orthographe, absence d'objet, expéditeur non identifiable, etc. Voici quelques règles de bonne conduite à respecter lorsque l'on envoie un message.

Soignez votre présentation :

Lorsque vous vous inscrivez, indiquez correctement votre nom et prénom, surtout si l'intitulé de votre adresse mail ne permet pas complètement de vous identifier.

Tentez au maximum de respecter les règles de grammaire et d'orthographe. Moins on fait d'effort, plus on régresse et oublie la langue française.

Choisissez une police lisible.

Respecter son destinataire :

Faites la différence entre CC et CCI : le second permet d'envoyer un mail à une liste de personnes sans que chacun des destinataires puisse voir à qui d'autre on l'a envoyé. Vous éviterez ainsi de recevoir et de faire recevoir des spams à vos interlocuteurs.

Notez bien les priorités : le caractère urgent, professionnel ou personnel du message, dans l'onglet "objet".

Enigme

Un chauffeur de taxi s'engage, un peu pressé, dans une ruelle en sens interdit. Il regarde sans broncher le panneau rouge et continue. Là il est arrêté par un policier. Les deux discutent un petit peu et le chauffeur de taxi repart.

Comment se peut-il ?

Solution

Le chauffeur de taxi est à pied.

Les petits trucs des people

Karen Mulder

a trouvé une bonne méthode pour réduire sa consommation de cigarettes. Après avoir inscrit son nom sur son paquet, elle le confie au restaurateur en bas de chez elle. Du coup, elle est obligée de sortir pour aller fumer. Plutôt décourageant, non ?

Arielle Dombasle

avait un truc pour ne pas payer ses contraventions : lorsqu'elles arrivaient chez elle, au nom de Arielle Sonnery de Fromental (son vrai nom), elle les renvoyait avec la mention " décédée ". Une méthode qui a bien marché, jusqu'à ce qu'elle fasse refaire son passeport, et où un fonctionnaire a retrouvé la trace des impayés. Arielle Dombasle a dû verser la somme de 26 000 euros.

Une jeune fille en **MINIJUPE**
monte dans un bus et attire
tous les regards... Une femme
dit à son mari assis
à côté d'elle :
- Tu ne trouves pas ça
honteux ?
- Quoi donc ?
demande le mari.
- Tous ces hommes qui ont
reluqué les fesses de cette
fille lorsqu'elle est montée
dans le bus ?
- **QUEL BUS ?**

L'orgasme bon pour le cœur

Durant un orgasme, le cœur bat à 160 pulsations par minute. Comme pour ceux qui font du sport, les hommes qui font l'amour deux fois par semaine auraient deux fois moins de chance de mourir de maladies coronariennes que ceux qui n'ont de rapports sexuels qu'une fois par mois.

Ne soyez pas résigné

Tout comme l'amour de soi, la confiance en soi demande des soins attentifs. Elle est comme une plante qu'il faut arroser quotidiennement et qui grandit peu à peu. Son oxygène, c'est l'action. Plus on agit, plus on se rend compte que l'on est capable et plus on gagne de l'assurance. Mais pour cela, il faut vaincre deux ennemies souvent redoutables : la critique et la résignation. Ces deux sœurs diaboliques n'ont pas leur pareil pour anéantir en un rien de temps vos bonnes résolutions.

MÉMOIRES D'UN CONSTIPÉ
TOME 1
TOME 5
CONSTIPÉ
TOME 3

WC-stretching : étirement des adducteurs

Positionnez-vous debout, le pied reposant sur un support placé parallèlement au sol **(le siège des toilettes, par exemple).** Tendez bien votre jambe droite, puis tournez lentement la hanche droite vers l'intérieur, sans trop accentuer la rotation du buste. Gardez cette position quelques secondes et penchez-vous légèrement vers la droite pour que votre épaule se déplace en direction de votre genou. Restez 30 secondes dans cette position, puis passez de l'autre côté.

Du linge blanc éclatant

Ajouter un peu de jus de citron à l'eau de la lessive de vêtements blancs les rendra éclatants.

Une autre méthode radicale pour blanchir le linge blanc est de le laisser toute une journée au soleil dans une bassine d'eau et de lessive en poudre, ou encore mieux, de savon de Marseille en paillettes.

Répulsif anti-zonards

Pratique de plus en plus usitée devant les magasins et dans les lieux publics comme les gares, la diffusion de musique classique ferait fuir les zonards. En Grande-Bretagne, les points de vente de la chaîne Co-op sont pourvus d'une télécommande qui déclenche de la musique classique à l'entrée des magasin en cas d'attroupement de jeunes qui intimiderait les clients. Cette méthode a été adoptée avec succès dans les lieux publics : À Newcastle et à Londres, le métro diffuse en permanence Mozart et Pavarotti, deux répulsifs particulièrement efficaces.

Les gares de Copenhague (Danemark) et Hambourg (Allemagne) ont systématiquement recours au classique, et ce depuis 2001 quand on a découvert par accident un lien direct entre la diffusion de musique classique et l'absence de drogués.

Autre méthode anti-jeunes paraît-il très efficace, le Sonic Teenager Deterrent, un système inventé par un homme d'affaires anglais qui diffuse des sons suraigus (ressemblant au bruit d'un gros insecte ou au crincrin d'un violon) perçus uniquement par les moins de 20 ans. Ce dispositif, très apprécié par la police britannique, serait en passe d'être implanté dans les zones sensibles.

Source : Courrier International, hors série, 2006

Enigme

Au soir de sa mort, un éleveur donne son testament : il souhaite donner la moitié de ses vaches à son fils aîné, le tiers à son cadet et le neuvième à son plus jeune fils.
Mais lorsqu'on compte le cheptel, le lendemain, on compte 17 vaches. Ils ne savent pas comment faire pour se partager les vaches selon la volonté de leur père, et il n'est pas question de découper une vache en morceau. Le voisin, éleveur lui aussi, trouve une solution. Laquelle est-ce ?

Solution

Le voisin prête une vache aux fils, ce qui donne un cheptel de 18 vaches. Il en donne la moitié (9 vaches) à l'aîné, le tiers (6 vaches) au cadet et le neuvième (2 vaches) au plus jeune. 9 + 6 + 2 = 17. Il reste une vache qu'il récupère.

L'eau en bouteille coûte à peu près 1 000 fois plus cher que l'eau du robinet.

Une blonde se rend chez son médecin :

- Vous avez les résultats de mon scanner de la tête ?

- Oui, Mademoiselle. J'ai une très bonne nouvelle à vous annoncer : vous avez un **CERVEAU** sur la tumeur !

Victoire de Sarkozy : les réactions des people

Johnny Hallyday : "Sarkozy tiendra parole." "On attendait cela avec impatience."

Orlando, le frère de Dalida témoigne de son émotion suite à la victoire de son candidat favori.

Gilbert Montagné : "Un truc d'amour."

Elie Chouraqui : "Sarkozy incarne l'espoir", "Je voudrais que tous les Français partagent cette annonce de renouveau."

Jean-Marie Bigard : "Je suis ici par conviction" (...) "dans mon métier, quand on vote à droite, il faut presque se cacher."

Faudel : "le président va s'occuper de la France."

Véronique Genest : "Heureuse."Nicolas Sarkozyi a "réussi à rassembler les gens".

Les people qui ont voté pour Ségolène Royal au deuxième tour

Marianne James
Bénabar
Renaud
Yannick Noah
Emmanuelle Béart
Charles Berling
Carole Bouquet
Cali
Michel Delpech
Elie Seymoun
Ariane Mouchkine
Denis Podalydès
Jamel Debbouze
Philippe Torreton

Spécial recyclage : les bas et les collants

Vos vieux collants peuvent être recyclés :

- Enveloppez une éponge dans un vieux collant et servez-vous-en pour laver les vitres, la vaisselle, la voiture, etc. La texture rugueuse du bas aidera à détacher la saleté incrustée.

- Les vieux bas peuvent servir de filtre pour de la peinture grumeleuse, de l'essence, ou bien de tamis pour la cuisine. Étirez simplement un bout de nylon sur l'ouverture du contenant.

- Utilisez des collants pour bourrer des oreillers, des édredons ou des animaux en peluche. C'est léger, résistant et, surtout, lavable.

La biodégradabilité

Sac en plastique : **500 ans**

Bouteille de verre **4 000 ans**

Boîte de conserve : **350 ans**

Allumette : **6 mois**

Chewing-gum : **5 ans**

Kleenex : **3 mois**

Pot de yaourt : **500 ans**

Filtre de cigarette : **10 ans**

Des chaussettes anti-odeurs... en crabe !

Les Japonais ont réussi à extraire de la carapace des crabes une substance appelée chitine transformable en fibre, la rayonne, proche de la cellulose. 100% biodégradable, cette fibre mélangée avec de la laine ou du coton est utilisée notamment en chirurgie pour les fils de suture. Ses propriétés antibactériennes sont aussi très appréciées pour confectionner des chaussettes anti-pied-qui-pue.

Quelques mouvements de taï chi à faire aux toilettes

Assis ou debout, **allongez le bras droit** à l'horizontale devant vous. Dirigez le bras droit vers la droite en arc de cercle et prenez un point de repère derrière vous. Essayez d'aller le plus loin possible derrière vous, de vous rapprocher du point que vous vous êtes fixé.
Chaque fois que votre bras droit tourne vers la droite, **tournez votre tête vers la gauche**. Répétez plusieurs fois (six à sept fois). La tête et le bras reviennent ensemble au milieu. Faites une pause.
Reprenez le mouvement du bras en **regardant votre main** et observez si votre point de repère a changé. Faites une pause.
Mettez-vous debout, puis dirigez à nouveau votre bras vers la droite à l'horizontale en regardant votre main, et, chaque fois, vous allez soulever votre talon gauche et mettre votre poids du corps davantage sur la jambe droite. **Répétez six ou sept fois l'exercice**, puis faites une pause.
Dirigez votre bras droit vers la droite à nouveau, laissez-le en arrière et **décrivez un cercle** avec ce bras sur le mur derrière vous, en fléchissant un peu les deux genoux, c'est-à-dire en faisant participer tout le corps. Faites une pause, puis **répétez l'exercice avec le bras gauche.**

mots croisés

Horizontalement

1. Rare, mais possible avec Armande, mais ni avec Charlotte ni avec Arlette.
2. Ses deux brancards valent mieux qu'un.
3. A l'origine du problème du 1.
4. Ska pour Arthur - Férré mais pas à la glace.
5. Apprécie les hors-d'œuvre variés.
6. Pourra se faire voir chez les Grecs.
7. Précieuse, oui, mais ici ridicule.
8. Longue surtout vers la fin.

Verticalement

1. En vert et souvent contre tous.
2. En général revers, comme en Indochine.
3. Vous aide à bosser sans bosse.
4. A incliné le fier Sicambre mais pas à ce point-là - Suivi d'un matou, il est répugnant.
5. Il manque un blanc à Jules de Nantes - Complète bien an, bu, ca, etc.
6. Envoyai à la chasse ? - Ne pourrait pas marcher avec un pd !
7. Réclame un signe s'il est facultatif - Lent s'il finissait comme window.
8. La plus utilisée multipliée par huit.

	1	2	3	4	5	6	7	8
1								
2								
3							■	
4				■	■	■		
5								
6								
7								
8								

Solution p 675

Le mot "snob"

À partir du XVIIIe, mais surtout au XIXe siècle, les écoles pour jeunes filles durent accepter des jeunes filles de familles fortunées, mais non issues de l'aristocratie. Sur leur feuille d'inscription, cependant, on inscrivait la mention "s. nob." (sans noblesse), face à la mention "nob." pour les jeunes aristocrates. L'expression snob est restée pour définir une personne se donnant de faux airs de noblesse.

Les 6 mensonges les plus courants :

Le chèque est parti ce matin.

La villa est à cent mètres de la plage.

Vous avez de la chance, il ne nous en reste plus qu'un stock.

C'est pas pour l'argent, c'est pour le principe.

Je suis tombé par hasard sur un reality show.

La taille n'a aucune importance.

Jeff GREEN

SPÉCIAL ENFANTS :
FARCES ET ATTRAPES

LE PORTE-MONNAIE RAMPANT

Demande à tes parents s'ils possèdent un vieux portefeuille ou un porte-monnaie. Remplis-le de papier pour faire croire qu'il est plein d'argent. Accroche au porte-monnaie un long fil de nylon transparent. Dans la rue, dépose le porte-monnaie bien au milieu du trottoir, puis cache-toi au coin de la rue ou derrière un arbre. Dès qu'un passant passera et qu'il tentera de prendre le porte-monnaie, attire-le à toi.

Économies au supermarché

Quand vous faites les courses,
ne vous fiez pas au prix
qui apparaît en plus gros.
Regardez le prix au litre
ou le prix au kilo.
On est parfois étonné de
trouver des prix moins chers
que les produits
dits discount.

Enfants soldats

Selon l'Unicef, le nombre d'enfants recrutés ou utilisés par les forces armées est estimé à 250 000 dans le monde.

La Genèse

1er jour : Dieu créa la lumière.

2e jour : Dieu créa le ciel.

3e jour : Dieu créa la terre et la mer.

4e jour : Dieu créa le soleil et les étoiles.

5e jour : Dieu créa les oiseaux et la faune aquatique.

6e jour : Dieu créa les animaux terrestres et l'homme.

7e jour : Dieu se reposa.

Bâillement

Il est d'usage de toujours mettre la main devant sa bouche lorsque l'on bâille. Les autres n'ont pas à apercevoir vos plombages, ni à sentir votre haleine. Lorsque l'on parle à quelqu'un, réprimez vos bâillements, sinon vous pourriez lui faire pensez que vous vous ennuyez en sa compagnie. De même, lorsque vous parlez à quelqu'un ou qu'on vous parle, regardez toujours votre interlocuteur dans les yeux.

David Beckham a des TOC

Le célèbre footballeur anglais aurait avoué souffrir de troubles obsessionnels compulsifs, ces manies qui le poussent à tout ranger dans un ordre précis et implacable. Pour lui, tout doit être rangé en ligne droite et par paires. Par exemple, si le nombre de canettes dans le frigo est impair, il se sent obligé d'en sortir une et de la ranger dans un placard... ou de la boire.

Enigme

Qu'ont ces deux phrases en commun :

Noël a trop par rapport à Léon.

Ésope reste ici et se repose.

Solution

Ce sont des palindromes, elles peuvent donc être lues dans les deux sens.

Spécial environnement : comment être écoresponsable au travail

Utiliser une poubelle à papier et la jeter dans un conteneur adéquat.
Photocopier ou imprimer de chaque côté de la feuille et réutiliser le papier jusqu'à ce que les deux côtés soient complètement employés.
Acheter du papier recyclé, non blanchi au chlore, et recycler le papier de bureau lorsqu'il ne peut plus être réutilisé.
Choisir de préférence un stylo plume ou un porte-mines rechargeable.
Réutiliser les enveloppes.
Acheter un filtre à café en toile ou à tamis au lieu des filtres en papier jetables.
Préférez les trombones, les agrafes ou la colle non toxique au ruban adhésif.
Faire appel à un service de messagerie à vélo pour les livraisons locales.
Apporter sa tasse en céramique ou en porcelaine au lieu de travail.
Instaurez une règle dans votre bureau : la dernière personne à sortir doit éteindre la lumière.

Los Angeles

Le nom de Los Angeles est un diminutif. Le nom complet de la ville comporte treize mots : "Pueblo de Nuestra Senora la Reina de Los Angeles Del Rio de Porciuncula ", ce qui veut dire : " Village de notre dame la reine des anges de la rivière de Porcioncule."

Sur la plage, un enfant interpelle sa grand-mère :

- **MAMIE ! MAMIE !** Je peux jouer avec tes seins ?
- Oui, mais ne t'éloigne pas trop !

Un petit garçon s'occupe du barbecue. Il appelle son père :

- **PAPA, PAPA,** mémé a le dos tout rouge !
- Tais-toi et tourne la broche !

Ouvrir une huître facilement

La méthode traditionnelle pour ouvrir une huître est d'insérer le couteau entre les deux coquilles au milieu du côté creux de l'huître, puis retourner le couteau pour faire levier.
Il existe cependant une méthode beaucoup plus simple et moins risquée : il suffit de la plonger une dizaine de secondes dans de l'eau pétillante.
L'huître s'ouvrira presque instantanément pour absorber le gaz carbonique de l'eau.

Sur une jambe

Au Sri Lanka, Arulanantham Suresh Joachim est resté en équilibre sur une jambe pendant 76 heures et 40 minutes du 22 eu 25 mai 1997. Un exploit qui s'est déroulé dans le Uihara Maha Devi Park Open Air Stadium.

Ne soyez pas résigné

Tout comme l'amour de soi, la confiance en soi demande des soins attentifs. Elle est comme une plante qu'il faut arroser quotidiennement et qui grandit peu à peu. Son oxygène, c'est l'action. Plus on agit, plus on se rend compte que l'on est capable et plus on gagne de l'assurance. Mais pour cela, il faut vaincre deux ennemies souvent redoutables : la critique et la résignation. Ces deux sœurs diaboliques n'ont pas leur pareil pour anéantir en un rien de temps vos bonnes résolutions.

260 sites X par jour

Chaque jour, 260 sites Internet pornographiques naissent aux Etats-Unis. Selon le Good Magazine, 72 % des internautes qui fréquentent régulièrement ces sites sont des hommes et 20 % les visitent sur leur lieu de travail. La cyberpornographie génère plus de 3 milliards de dollars de recettes annuelles.

Comment garder ou récupérer ses points de permis de conduire

Conduire sagement

Le meilleur moyen de garder ses points est d'adopter une conduite sage, en respectant le Code de la route. Un automobiliste qui n'a commis aucune infraction se verra restituer la totalité de ses points au bout de trois ans. Si vous n'avez perdu qu'un point, vous le récupérerez au bout d'un an si vous n'avez pas commis de nouveau délit.

Faire un stage

Une fois tous les deux ans, il est possible de suivre un stage de sensibilisation à la sécurité routière. Il vous permettra de récupérer 4 points. Cependant, ces stages ne sont pas gratuits : comptez entre 230 et 400 euros pour le suivre.

Contester

Attaquez la décision de retrait de points, dans les trente jours après réception de l'avis d'amende majorée (que l'on reçoit plusieurs semaines après les faits), en affirmant que vous n'avez pas eu connaissance de la perte de vos points. Vous ferez ainsi jouer votre droit à vous défendre devant un tribunal.

Méthodes illégales

Dénoncer un conducteur imaginaire

Dénoncer un parent ou un ami qui réside à l'étranger et qui a signé un accord avec la France pour partager son fichier de carte grise. Vous pouvez aussi dénoncer un proche (une personne âgée) qui ne conduit plus depuis longtemps et qui n'a que faire de ses 12 points.

Acheter des points

Sur Internet, on peut trouver des internautes qui sont d'accord pour vendre une partie de leurs points. Indiquez sur votre déclaration les coordonnées du vendeur de points à la place de celles de l'auteur de l'infraction. Un point coûte environ 700 euros. Cette pratique est toutefois illégale et considérée comme une fausse déclaration ; elle est passible de trois ans de prison et de 45 000 euros d'amende.

Changer le nom du propriétaire

Si vous vous êtes fait flasher par un radar, vous pouvez mettre sur votre carte grise le nom d'un enfant, trop jeune pour avoir le permis, mais assez âgé pour posséder un véhicule.

Enduire sa plaque de vernis

Il est possible d'acheter sur Internet des vernis en spray à vaporiser sur sa plaque d'immatriculation. L'effet réfléchissant rend les chiffres illisibles avec le flash. Mais attention, en plus d'être totalement illégale (135 euros d'amende), l'utilisation de ces vernis ne marche pas toujours : certains produits vendus sur Internet sont totalement inefficaces.

Sur une plage de naturistes, un Africain sort de l'eau.
Allongé sur le sable, un homme blanc regarde, l'air ébahi, l'énorme sexe de l'Africain. Ce dernier s'en aperçoit et lance au plagiste :
— ET ALORS ? LA TIENNE NE RÉTRÉCIT PAS AUSSI QUAND TU VAS DANS L'EAU ?

TU VOIS CHÉRIE ! MAINTENANT, JE SAIS POURQUOI LES NOIRS SONT TOUJOURS LES PREMIERS AU 100 MÈTRES...
...C'EST PARCE QU'ILS COURENT SUR 3 JAMBES !!

Les plats préférés des Français

Le plat préféré des Français est le couscous (30 %). Il arrive juste avant le poulet rôti (27 %) et la paella (25 %). Viennent ensuite des plats relativement simples à faire et caloriques : le steak frites (24 %), la pizza (21 %), et les spagetti Bolognaise. On trouve enfin dans les goûts des Français des plats du terroir, tels que le bœuf Bourguignon, (21 %), le pot-au-feu (18 %), la choucroute (17 %), la blanquette de veau (16 %) et le cassoulet (11%). La bouillabaisse ne récolte que 7 % des suffrages.

Retirer la cire d'un bougeoir

Pour retirer la cire
d'un bougeoir ou d'un chandelier,
faites-le tremper
dans l'eau chaude pendant
plusieurs minutes.
La cire deviendra molle
et vous pourrez ensuite l'enlever
d'un seul coup avec un couteau
ou vos doigts.

Une blonde entre dans un magasin pour acheter un téléphone portable. Elle semble déroutée devant les différents téléphones et les offres commerciales des opérateurs. Un vendeur s'approche d'elle et lui demande :

- **SFR** ?

- Non, mais elle va apprendre...

Bernard Tapie refusé au casting de Plus belle la vie

Bernard Tapie tenait absolument à apparaître dans un épisode de Plus belle la vie, attaché qu'il est à la ville de Marseille. Cependant, la production le lui a purement et simplement refusé, pour la raison que même les "gest stars sont tous des comédiens professionnels". Tapie, qui incarne au petit écran le commissaire Valence, est furieux, d'autant que Christian Morin aurait été choisi pour figurer au générique de la série.

SUDOKU

Niveau difficile

7	5		1	3	2		6	9
9			7	8			3	
6			9		4	7	2	8
	8		3	9			1	2
1	9		4		5	6	8	
2	7					9		3
5	1		2	4	8	3		6
3		2	5	1				
8	4	9	6	7	3		5	1

Solution p 670

Animaux insolites

L'oiseau

L'oiseau au vocabulaire le plus étendu est la mésange bleue, et non le perroquet, comme on peut le penser. Elle est capable d'émettre 48 sons différents qui veulent tous dire une chose en particulier.

L'éléphant

Un éléphant produit environ 140 kilos d'excréments par jour. Il pèse environ 6 tonnes et vit jusqu'à 70 ans.

Les pieuvres

Il existe 170 espèces de pieuvres différentes. La plus grosse pieuvre du monde mesure 6 mètres, la plus petite 6 centimètres.

Le gorille

Un gorille est capable de comprendre plus de 2 000 mots et d'apprendre 1 000 signes en langage des signes.

Epitaphes insolites

Ci-gît ma femme, grâce à Dieu !
Cette furie perpétuelle
Empoisonna ma vie.
Passant, écoute mon avis :
Avant qu'elle ne te querelle,
Quitte prudemment ces lieux.

Ci-gît dessous ce marbre blanc
Le plus avare homme de Rennes,
Qui mourut tout exprès le dernier jour de l'an,
De peur de donner des étrennes.

Epitaphe d'un avare

Il n'y a ici qu'un tas
d'ossements.
Passant, fous le camp !

Par où tu passes, j'ai passé ;
Par où j'ai passé, tu passeras ;
Comme toi en vie j'ai été
Comme moi mort tu seras.

Ci-gît Martine,
ma chatte si belle,
décédée des suites
d'un accident d'automobile
en même temps que mon mari.

Ci-gît Louis,
ce pauvre Roi,
On dit qu'il fut bon...
mais à quoi ?

Epitaphe de Louis XV

Je vous l'avais bien dit !

Epitaphe d'un hypocondriaque

Ci-gît Paul Léautaud
Plus connu Maurice Boissard.
Il écrivait et parlait sans fard
Immolant tout à son bon mot.
Quand on l'enterrera : "C'est bien trop tôt !"
Dirent quelques-uns, mais à part
Beaucoup pensèrent : "C'est bien tard !"

Epitaphe de Paul LEAUTAUD par lui-même

Ordre des péséances

1 Le Président de la République

2 Le Premier ministre

3 Le président du Sénat

4 Le président de l'Assemblée nationale

5 Les anciens présidents de la République dans l'ordre de préséance déterminé par l'ancienneté de leur prise de fonctions

6 Le Gouvernement dans l'ordre de préséance arrêté par le Président de la République

7 Les anciens présidents du conseil et les anciens premiers ministres dans l'ordre de préséance déterminé par l'ancienneté de leur prise de fonctions

8 Le président du Conseil constitutionnel

9 Le vice-président du Conseil d'Etat

10 Le président du Conseil économique et social

11 Les députés

12 Les sénateurs

12 bis Ambassadeurs étangers en France

13 Le premier président de la Cour de cassation et le procureur général auprès de cette cour

14 Le premier président de la Cour des comptes et le procureur général auprès de cette cour

15 Le grand chancelier de la Légion d'honneur, le chancelier de l'ordre national du Mérite, et les membres des conseils de ces ordres

16 Le chancelier de l'ordre de la Libération et les membres du conseil de l'ordre

16 bis Le président de la Cour de justice

17 Le chef d'état-major des armées

18 Le Médiateur de la République

19 Le préfet de la région Ile-de-France, préfet de Paris

20 Le préfet de police, préfet de la zone de défense de Paris

21 Le maire de Paris, président du conseil de Paris

22 Le président du conseil régional d'Ile-de-France

23 Les représentants au Parlement européen.

24 Le chancelier de l'Institut de France, les secrétaires perpétuels de l'Académie française, de l'Académie des inscriptions et des belles-lettres, de l'Académie des sciences, de l'Académie des beaux-arts et de l'Académie des sciences morales et politiques.

Modèles célèbres de Marianne

1970 : Brigitte Bardot

1978 : Mireille Mathieu

1985 : Catherine Deneuve

1989 : Inès de la Fressange

2000 : Laetitia Casta

2003 : Evelyne Thomas

Le petit Robert interroge son père sur la mort :
—Papa, où est-ce qu'on va, quand on est mort ?
— Eh bien, les gens qui ont été méchants vont en enfer, où le Diable les brûle dans de grands feux, où on les torture cruellement jusqu'à la fin des temps...
Mais la mère, qui était dans la cuisine, a entendu et intervient :
—Non mais, ça va pas de dire de pareilles horreurs à cet enfant ? N'écoute pas, Robert ! En fait, quand on est mort, on te met dans une boîte en bois qu'on enterre, puis ton corps pourrit et sent très mauvais, et les vers viennent te manger...

Économie d'énergie au quotidien

- Éviter les articles fonctionnant sur piles (si elles sont nécessaires, choisir des piles rechargeables ou solaires).
- Allumer la lumière au besoin seulement et l'éteindre dès qu'on en a fini pour économiser l'énergie.
- Baisser le chauffage la nuit ou lorsqu'on est absent, ou encore installer un thermostat programmable.
- Isoler la maison pour éviter toute perte de chaleur et vérifier régulièrement l'isolation. Vous pouvez aussi installer des coupe-froid et calfeutrer vos fenêtres.
- Changer en hiver le filtre du chauffe-eau une fois par mois. La dépense énergétique sera supérieure s'il y a accumulation de poussière. Pour garder davantage de chaleur, il est recommandé d'isoler le chauffe-eau électrique et les tuyaux. Il n'est toutefois pas conseillé d'isoler les appareils de chauffage au gaz.
- Consommer des produits locaux : outre qu'elle stimule l'économie locale, cette habitude permet d'éliminer le transport sur de grandes distances ce qui économise l'énergie.
- Privilégier autant que possible la marche, la bicyclette et les transports en commun au lieu de la voiture, surtout si vous êtes seul ou à deux.

Enigme

Pour un exposé, deux enfants ont recueilli l'eau de pluie de la journée dans un bocal parfaitement symétrique, mais non gradué. Celui-ci est à peu près rempli à moitié. L'un des enfants soutient que le bocal est rempli à plus de la moitié, l'autre affirme que non. Sachant qu'ils ne possèdent ni instrument de mesure ni outil d'aucune sorte, comment peut-on savoir lequel des deux a raison ?

Solution

Les deux enfants devront pencher le bocal jusqu'à ce que l'eau atteigne le bord. Si l'on aperçoit le fond du bocal, c'est qu'il n'est pas rempli à moitié, mais si au contraire l'eau recouvre tout le fond (et plus), c'est qu'elle remplit plus de la moitié du bocal.

Musculation des dorsaux

Une main et un genou en appui sur un banc ou le siège des toilettes, un haltère ou un objet lourd (un fer à repasser) dans la main, tendez le bras vers le sol en expirant.
Tout en inspirant, amenez lentement l'haltère au niveau de l'épaule en tirant le coude le plus haut possible.
Revenez progressivement à la position de départ en dépliant le bras. Veillez à garder le dos bien droit pour effectuer ce mouvement.
Répétez le mouvement une vingtaine de fois de chaque côté.

Limitations de vitesse

30 km/h : en agglomération, dans les rues étroites ou fréquemment utilisées par les piétons (aux abords d'une école, par exemple).

50 km/h : vitesse maximale en agglomération en vigueur en Europe, et sur toute route par temps de brouillard.

70 km/h : sur route départementale ou nationale, à des passages où les accidents sont fréquents, ou quand la visibilité est réduite. En vigueur aussi dans certains lieux-dits.

90 km/h : vitesse maximale sur le réseau secondaire (nationales et départementales).

110 km/h : vitesse maximale sur les voies rapides, lorsque celles-ci comportent au moins quatre voies et sont séparées par un terre plein central, ainsi que sur les autoroutes en cas de pluie.

130 km/h : vitesse maximale autorisée sur autoroute.

Photos les plus chères vendues par les stars à la presse

1. Les photos de Shiloh Nouvel, la fille d'Angelina Jolie et de Brad Pitt
Vendues à People magazine en juin 2006 pour 4,1 millions de dollars.

2. Les photos du mariage de Demi Moore et Ashton Kutcher
Vendues à OK! magazine en octobre 2005 pour 3 millions de dollars.

3. Les photos du mariage d'Eva Longoria et Tony Parker
Vendues à OK! magazine en juillet 2007 pour 2 millions de dollars.

4. Les photos de Larry Birkhead et de sa fille Danielynn
Vendues à OK! magazine en avril 2007 pour 2 millions de dollars.

5. les photos de Pax Thien Jolie-Pitt, le fils adoptif du couple

Vendues à People magazine en mars 2007 pour 2 millions de dollars.

6. Les photos du mariage d'Anna Nicole Smith et Howard K. Stern

Vendues à People magazine en septembre 2006 pour 1 million de dollars.

7. Les photos de Britney Spears et son fils Sean Preston Federline

Vendues à People magazine en novembre 2005 pour 500 000 dollars.

8. La première photo en couple d'Angelina Jolie Et Brad Pitt

Vendue à US Weekly magazine en avril 2005 pour 500 000 dollars.

9. Les premières photos d'Angelina Jolie enceinte

Vendues à People magazine en janvier 2006 pour 500 000 dollars.

10. Les photos d'Anna Nicole Smith et son fils Daniel, quelques heures avant sa mort

Vendues à In Touch magazine en septembre 2006 pour 400 000 dollars.

La chasse aux cafards

À Bruxelles, des chercheurs ont inventé un piège à cafards d'un genre nouveau : un robot, programmé pour infiltrer et influencer un groupe de cafards, peut les contrôler et permettre ainsi leur élimination. Les cafards n'ayant pas une bonne vue, l'aspect physique du robot n'a aucune importance. Seuls son odeur et son comportement sont importants.

SPÉCIAL ENFANTS : FARCES ET ATTRAPES

FAUSSES AFFICHETTES

Sur une feuille de papier, inscris au marqueur en lettres majuscules **"PEINTURE FRAÎCHE"**, **"VOITURE À VENDRE"**, **"ATTENTION À LA MARCHE"**, **"MAGASIN FERMÉ POUR INVENTAIRE"**, puis colle-les discrètement dans ton quartier et observe la réaction des gens.

Fait-on davantage pipi en été ou en hiver ?

Il est prouvé qu'on urine plus en hiver qu'en été. Tout d'abord, la transpiration due à la chaleur estivale nous permet d'évacuer davantage de liquide présent dans notre corps. De plus, en hiver, le corps tente de conserver sa chaleur en regroupant le sang présent aux extrémités vers le centre de l'organisme (ce qui explique pourquoi les doigts, les orteils et les lobes d'oreille sont les premiers à geler par temps extrême). La pression sanguine est alors augmentée, et agit sur les reins, ce qui produit une plus grande production d'urine.

Plantes vertes

Lustrez les feuilles avec un coton imbibé de bière.

Ne les arrosez pas à l'eau trop froide.

Une fois par mois, versez dans le pot le reste de votre thé froid.

Gardez vos coquilles d'œufs que vous déposerez pilées dans la terre.

Dépoussiérez les feuilles à l'aide d'un sèche-cheveux.

Contrepèteries salaces

J'aime vachement votre frangin.

C'est le premier violon qui m'a déchiré le cœur !

Solution

J'aime franchement votre vagin.

C'est le premier violeur qui m'a déchiré le con !

Gorge dénouée

Quand on a les nerfs en pelote, des gestes simples permettent de supprimer les sensations de boule dans la gorge. Il suffit de respirer soit en se pinçant légèrement le nez, soit en haletant dans ses mains, soit par une paille.

La question que se posaient Georges et Bertrand, arrivés maintenant au crépuscule de leur vie, n'était pas de savoir s'il y avait une vie après la mort, ça ils s'en fichaient, mais bien de savoir s'il y avait du foot après la mort.
Ils avaient commencé tout gamins à taper dans le ballon, avait rejoint ensemble leur premier club corporatif et avaient même créé le club des supporters de l'équipe de la ville... Ils adoraient le foot !
Un jour, ils signèrent un pacte :
— Le premier qui mourra devra révéler à l'autre ce qu'est le foot après la mort...
Georges fut le premier à passer de vie à trépas mais, fidèle à ce pacte, il parvint depuis l'au-delà à rentrer en communication avec son ami Bertrand resté sur terre.
— Bertrand... J'ai une bonne et une mauvaise nouvelle pour toi. La bonne nouvelle, c'est que tout le monde joue au foot, ici au paradis. D'ailleurs, j'ai un match dimanche...
Il marqua un temps arrêt et reprit :
— La mauvaise... c'est que tu joues avant-centre !

Le blue-jeans

Le blue-jeans a été créé à Nîmes par un certain Lévi, père de la marque Levi-Strauss. Cette toile est teinte dans la teinture appelée **bleu de Gênes**. L'expression transcrite en anglais est devenue **blue-jeans**. La toile dans laquelle sont faits ces célèbres pantalons porte aussi un autre nom, dû à sa provenance : le **denim** ("de Nîmes").

Test

Savez-vous gérer les conflits ?

Pour vous, dire non, c'est :

■ Décisif.

● Utile.

◆ Le B. A.-BA.

Ce que vous annulez le plus facilement :

● le déménagement d'amis.

◆ un rencard amoureux.

■ un déjeuner de famille.

Au boulot, vous avez la réputation :

◆ de savoir ce que vous voulez.

■ d'être quelqu'un sur qui on peut compter.

● d'avoir toujours plein d'idées.

Un ami vous reproche de ne pas l'avoir appelé depuis un mois :

■ Vous retournez la situation en l'accusant de ne pas vous avoir appelé(e) non plus.

● Vous l'invitez à dîner pour le lendemain.

◆ Vous attendez une semaine avant de le rappeler, histoire de lui montrer que vous ne rentrez pas dans son jeu.

Quand vous vous excusez, vous dites plutôt :

◆ Excusez-moi.

■ OK, je suis désolé(e).

● oh, scusez !

Enfant, on disait de vous que vous étiez :

● dans la lune.

◆ déterminé(e).

■ rigolo(te).

Vos collègues vont déjeuner sans vous, à leur retour :

■ vous leur lancez un " Sympa ! Merci ! "

◆ vous faites la tête tout l'après-midi.

● détaché(e), vous leur demandez si tout va bien avec vous.

Il n'est pas 20 heures, et votre voisin du dessous vient sonner à votre porte pour vous demander de faire moins de bruit :

■ Vous décidez de marcher avec des talons / des chaussures à bouts ferrés pour lui faire les pieds.

● Vous vous excusez, et passez une semaine à faire attention, histoire de vous faire oublier.

◆ Vous tentez de lui expliquer qu'il n'est pas si tard.

Le terme que vous préférez :

● Amitié.

■ Respect.

◆ Confiance.

Résultats

Majorité de ■
Légèrement autoritaire, vous n'avez aucun problème à dire " non ". Le plus important pour vous est de pas vous laisser marcher sur les pieds. Allergique aux non-dits, s'il y a un problème, vous l'exposez franchement. Seulement, parfois, il faut laisser le temps faire son travail, et en voulant résoudre à tout prix des situations délicates, même minimes, vous en faites des cas et créez vous-même des conflits, là où il n'y avait pas lieu d'en avoir.

Majorité de ●
Roi (reine) de l'évitement, vous avez le conflit en horreur. Vous ne dites jamais franchement ce que vous avez sur le cœur, ou quand vous essayez, les messages que vous lancez sont tellement timides qu'ils sont indéchiffrables par les autres. Vous avez cependant un atout : l'humour. En effet, vous savez toujours vous sortir de situations délicates par une ruse ou une pirouette, qui fera rire les autres. Le problème, c'est qu'en faisant le mort, on obtient rarement ce qu'on attend.

Majorité de ◆
Etre diplomate, pour gérer les conflits de la vie de tous les jours, c'est bien. Mais étrangement, la diplomatie que vous exercez n'est pas équitable et vous donne tous les torts. Certes, vous vous remettez en question, ce qui est une bonne chose dans la vie, mais vous avez davantage tendance à remettre votre comportement en cause plutôt que celui des autres. Votre leitmotiv " Qu'est-ce que j'ai fait de mal ? " vous fait partir perdant(e). La preuve : vous avez souvent le sentiment après un conflit, que vous vous êtes fait avoir, que ça ne s'est pas passé comme vous vouliez. Sachez dire non, parfois, vous redonnera confiance en vous et redorera votre image auprès des autres.

Noms masculins

Abysse, alvéole, ambre, apogée, aphte, colchique, effluve, épilogue, esclandre, flasque, granule, interligne, jade, limbes, opercule, ozone, pétale, sévices, sitcom, viscères, vivres.

Noms féminins

Acné, argile, autoroute, bougainvillée, câpre, dartre, ébène, échappatoire, écritoire, égide, interview, épitaphe, oasis, omoplate, orthographe, prémices, stalactite, stalagmite, urticaire.

Atténuer les fêlures dans les assiettes

Si vous possédez une assiette fêlée, voici un petit truc pratique qui peut atténuer cette fêlure.
Choisissez une casserole assez grande pour contenir l'assiette, remplissez-la de lait et immergez l'assiette fêlée.
Laissez bouillir pendant trois quarts d'heure. Une fois ce temps écoulé, la fêlure devrait se faire plus discrète.

Perles des hot-lines informatiques

- Décrivez-moi votre écran.
- Echap, F1 F2 F3...
- Non ça c'est votre clavier, l'écran c'est la télé.

- Double cliquez sur le poste de travail.
- Ah bon, il faut être devant son ordinateur ? Non, parce que là je suis au travail.

Je viens d'avoir un ordinateur, mais mon moniteur ne s'allume pas !
- Même en bougeant la souris ?
- (en hurlant derrière lui) Ne jette pas les cartons, on a oublié de brancher la souris !

- Monsieur, faites control+alt+suppr..
- Ah oui, je connais ça.
- Que se passe-t-il à l'écran, monsieur ?
- Ben rien.
- Recommencez ctrl+alt+supp.... Et maintenant ?
- Toujours rien.
- Comment faites-vous la manipulation ?
- Ben j'appuie sur les touches c,o,n,t,r,o,l et après sur le + et ainsi de suite. Y faut peut-être l'accent sur contrôle ?

- Ça me met : " nom d'utilisateur ou mot de passe incorrect ".
- Fermez la fenêtre, monsieur.
- Euh oui, c'est vrai qu'il y a un peu de bruit dehors...

- Bonjour, mon fils a pris un abonnement chez vous, mais je n'ai pas le mot de passe pour me connecter... il a 13 ans et j'aimerais bien aller sur Internet.
- Oui, monsieur, veuillez noter : " T " " R " " O " " U "... (rires) " D " " U " " C " " U " " L ".

- J'ai un problème avec Windows...
- Qu'avez-vous sur l'écran ?
- Euh... un pot de fleur.
- Non, je veux dire "qu'est-ce qui est écrit ?"
- Ha d'accord... euh... Sony !

- J'ai acheté un portable hier, et il ne marche pas.
- Pourriez-vous me préciser le problème ?
- Il n'y a pas de tonalité.

- Mon Nescafé ne marche pas !
- Je suis désolé, madame, mais nous ne faisons pas de maintenance pour les appareils électroménagers.
- Non, je vous parle du Nescafé d'Internet !
- D'accord ! Vous voulez parler de Netscape, plutôt, non ?

Depuis qu'on est passé à l'heure d'été, vous n'avez pas remis mon ordinateur à l'heure !

Bonjour, je n'arrive pas à me connecter chez vous ...
- D'accord, on va régler tout ça, tout d'abord, j'ai besoin de savoir si vous êtes sur 3-1, 95, 98 ou Linux.
- Non monsieur, je suis sur Paris, 75.

Papier Toilette

En moyenne, on compte 333 feuilles de papier toilette dans un rouleau.

Quelle est la différence entre un pittbull et une belle-mère ?
LE ROUGE À LÈVRES.

mots croisés

Horizontalement

1. Elle m'appartient - Doit sauver le monde grâce à son courage.
2. - Début de l'essorage - Un ancien du KGB.
3. A une épouse chérie - Dernières nouvelles
4. Prénom féminin - Capitale nordique - Liant.
5. Faire signe de la main - Prénom féminin.
6. Début du sevrage - Partenariat euro-méditerranéen.
7. Fleuve au début de la liste - Lac au milieu de la liste - Accompagne bien le canard.
8. Palais de Versailles.
9. Brut - Te rends - Fin d'imparfait.
10. Un des 14 plus hauts sommets du monde.
11. Ville basque - Pure mais trouble.
12. Il est chargé de vous faire marcher droit.

Verticalement

1. Mélange des couleurs
2. Mit en quarantaine - Tire de vraies flèches.
3. Un 25 décembre bouleversé - Ne dira rien, même si on le retourne.
4. Cœur dur - Poids latin.
5. A l'envers : petite partie - Chaîne câblée américaine.
6. Inconsolable - Impôt à la consommation.
7. A organisé un guet-apens au Petit Clamart - Grimpe.
8. Faire briller la peau - Animal des montagnes.
9. A l'envers : possessif - Montre - A porté préjudice.
10. La deuxième moitié de l'homme - Ils n'iront pas au fils aîné.
11. Suite au choc - A l'envers : ne vous fiez pas aux habits qu'il porte.
12. Fleur bleue.

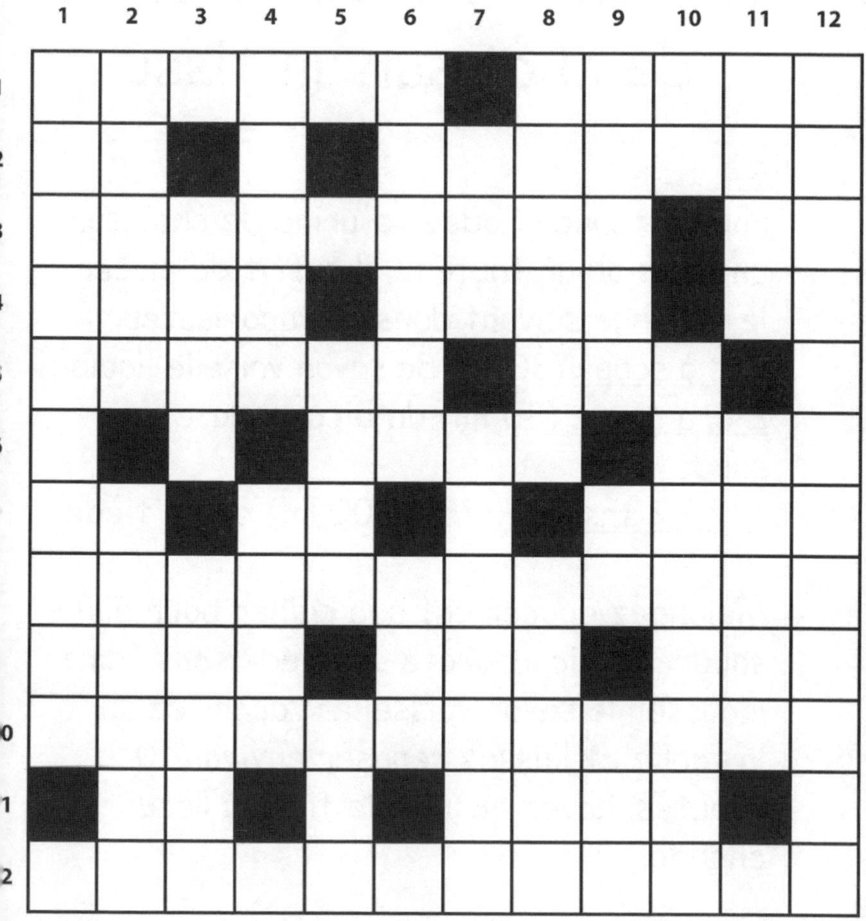

Solution p 675

Atténuer l'odeur d'urine de chat sur un tissu

Pour atténuer l'odeur d'urine de chat sur un tapis ou un fauteuil, il suffit de placer le mélange suivant dans un vaporisateur :
2 c. à soupe (30 ml) de savon vaisselle liquide
2 c. à soupe (30 ml) de bicarbonate de soude
1 1/2 à 2 tasses (375 à 500 ml) d'eau tiède.

Mélangez doucement à la cuiller pour dissoudre le bicarbonate de soude sans faire mousser le savon vaisselle. Vaporisez sur la tache et laissez reposer environ 10 minutes. Lavez ensuite le tissu à l'eau chaude.

DES AMIS D'UN DÉFUNT défilent devant son cercueil ouvert, dans la pure tradition juive anglo-saxonne. Les gens murmurent, embrassent le front du malheureux disparu. L'un d'eux se tourne vers la veuve ruisselante de larmes et lui confie, comme pour la réconforter :

— Comme il a l'air reposé...

— Tu parles, on revenait juste d'**ACAPULCO**, rétorque la veuve entre deux sanglots.

Les microbes préfèrent les femmes

Le scientifique américain Charles Gerba, de l'université de l'Arizona aurait mené une étude sur 113 bureaux prouvant que les bactéries seraient trois à quatre fois plus présentes sur ceux des salariées que sur ceux de leurs collègues masculins. On les trouverait surtout en nombre sur les claviers d'ordinateur et les téléphones. Selon l'expert, la cause en serait aux cosmétiques qu'elles utilisent et à la nourriture qu'elles apportent au bureau.

WC-stretching : étirement des bras

Asseyez-vous par terre et tendez le bras sur un support plat (l'assise d'une chaise ou la cuvette des toilettes), la paume de la main vers le haut. Tendez complètement le bras afin d'atteindre la tension maximale, tout en respirant profondément. Gardez la position pendant **30 secondes** puis relâchez. Faites le même exercice de l'autre côté.

Pascal Sevran éclaire Notre-Dame

Habitant l'île Saint-Louis, Pascal Sevran s'est plaint de ne pas pouvoir voir de ses fenêtres l'arrière de Notre-Dame de Paris de nuit. En effet, elle n'est en principe éclairée qu'à l'avant. Du coup, il l'a fait savoir à son grand ami Bertrand Delanoë, un grand ami, qui a exigé que la cathédrale soit entièrement éclairée.

Les présentations

Il est facile de présenter des amis. Mais si la présentation a une allure plus officielle, il faudra respecter certains critères :

L'âge : on présente le plus jeune au plus âgé.

Le sexe : on présente l'homme à la femme.

La position sociale : on présente le simple citoyen au personnage important.

Il est de bon ton de trouver *un détail* qui justifiera la présentation, tel un point commun, ou l'intérêt de l'un pour le travail/la passion de l'autre.

Si la présentation est très officielle :

L'importance de la personne l'emporte sur le sexe et sur l'âge.

L'âge l'emporte sur le sexe, mais pas sur l'importance de la personne.

Jeux d'articulation

Répétez 10 fois très vite :

Chauffe la gaufre et fauche la gaufre chaude.

Répétez 10 fois très vite :

Ai-je exagéré ? exagérerais-je ?

Répétez 10 fois très vite :

Quand il s'excite il est dyslexique.

L'expression "mi-figue, mi-raisin"

Au Moyen Age, le raisin de Corinthe était un mets très apprécié et son commerce était florissant. Mais certains marchands peu scrupuleux mélangeaient dans les jarres des morceaux de figue sèche aux raisins. Ils vendaient ensuite le raisin au prix fort. L'expression évoque ce mélange de bon, le raisin, et de mauvais, la figue.

Contre les couteaux rouillés

Si votre couteau de pêche, canif ou couteau de cuisine est taché de rouille, introduisez la lame à plusieurs reprises dans un oignon cru.

Lorsque la lame est bien mouillée, la saupoudrer de sucre en poudre et la frotter énergiquement. Elle deviendra brillante et les taches de rouille auront disparu.

C'est un gamin qui va voir sa mère-grand.

— Hé, **MAMIE**, ça sent la mort, ici.

— ...

— **MAMIE**, ça sent la mort, ici !

— ...

— **MAMIE** ! ÇA SENT LA MORT, ICI !

— ...

— **MAMIE ?**

Baignoire ergonomique

En remarquant que la plupart des gens prenaient leur bain les jambes écartées, l'Irlandais Bradley a eu l'idée de créer un bloc de plastique triangulaire à caler dans la baignoire. On fait couler son bain et on allonge ses jambes de part et d'autre du bloc. On économise ainsi un quart de sa consommation d'eau.

Bâillez sans retenue

Sous l'emprise du stress, on a tendance à se tasser. Résultat, nos muscles se contractent, notre dos se raidit et on gaspille de l'énergie inutilement. Pour en retrouver, il suffit de bailler à plusieurs reprises bouche grande ouverte et de s'étirer. Pour cela, tenez-vous debout, jambes légèrement écartées, puis levez un bras vers le plafond et portez tout le poids de votre corps de ce côté. Conservez cette posture pendant une minute avant de renouveler l'exercice de l'autre côté.

Un petit enfant demande à son papa :

— Papa, je suis juif ou arabe ?

— Un peu des deux, mon fils. Je suis juif et ta mère est arabe, un peu des deux... Pourquoi ?

— Parce qu'il y a une mobylette en bas de l'immeuble et j'hésite entre la voler et la vendre...

Bernard Tapie refusé au casting de Plus belle la vie

Bernard Tapie tenait absolument à apparaître dans un épisode de Plus belle la vie, attaché qu'il est à la ville de Marseille. Cependant, la production le lui a purement et simplement refusé, pour la raison que même les "gest stars sont tous des comédiens professionnels". Tapie, qui incarne au petit écran le commissaire Valence, est furieux, d'autant que Christian Morin aurait été choisi pour figurer au générique de la série.

Le saviez-vous ?

Départements français et préfectures

01 Ain / Bourg-en-Bresse
02Aisne / Laon
03 Allier / Moulins
04 Alpes de Haute-Provence / Digne
05 Hautes-Alpes / Gap
06 Alpes-Maritimes / Nice
07 Ardèche / Privas
08 Ardennes / Charleville-Mézières
09 Ariège / Foix
10 Aube / Troyes
11 Aude / Carcassonne
12 Aveyron / Rodez
13 Bouches-du-Rhône / Marseille
14 Calvados / Caen
15 Cantal / Aurillac
16 Charente / Angoulême
17 Charente-Maritime / La Rochelle
18 Cher / Bourges
19 Corrèze / Tulle
2A Haute-Corse / Bastia
2B Corse-du-Sud / Ajaccio
21 Côte-d'Or / Dijon
22 Côtes d'Armor / St Brieuc
23 Creuse / Guéret
24 Dordogne / Périgueux
25 Doubs / Besançon
26 Drôme / Valence
27 Eure / Evreux
28 Eure-et-Loir / Chartres
29 Finistère / Quimper
30 Gard / Nîmes
31 Haute-Garonne / Toulouse
32 Gers / Auch
33 Gironde / Bordeaux
34 Hérault / Montpellier
35 Ille-et-Vilaine / Rennes
36 Indre / Châteauroux
37 Indre-et-Loire / Tours
38 Isère / Grenoble
39 Jura / Lons-le-Saunier
40 Landes / Mont-de-Marsan
41 Loir-et-Cher / Blois
42 Loire / St Etienne
43 Haute-Loire / Le Puy
44 Loire-atlantique / Nantes
45 Loiret / Orléans
46 Lot / Cahors
47 Lot-et-Garonne / Agen
48 Lozère / Mende
49Maine-et-Loire / Angers
50 Manche / St Lô
51 Marne / Châlons-sur-Marne
52 Haute-Marne / Chaumont
53 Mayenne / Laval
54 Meurthe-et-Moselle / Nancy
55 Meuse / Bar-le-Duc

56 Morbihan / Vannes
57 Moselle / Metz
58 Nièvre / Nevers
59 Nord / Lille
60 Oise / Beauvais
61 Orne / Alençon
62 Pas-de-Calais / Arras
63 Puy-de-Dôme / Clermont-Ferrand
64 Pyrénées-Atlantiques / Pau
65 Hautes-Pyrénées / Tarbes
66 Pyrénées-Orientales / Perpignan
67 Bas-Rhin / Strasbourg
68 Haut-Rhin / Colmar
69 Rhône / Lyon
70 Haute-Saône / Vesoul
71 Saône-et-Loire / Mâcon
72 Sarthe / Le Mans
73 Savoie / Chambéry
74 Haute-Savoie / Annecy
75 Paris / Paris
76 Seine-Maritime / Rouen
77 Seine-et-Marne / Melun
78 Yvelines / Versailles
79 Deux-Sèvres / Niort
80 Somme / Amiens
81 Tarn / Albi
82 Tarn-et-Garonne / Montauban
83 Var / Toulon
84 Vaucluse / Avignon
85 Vendée / La Roche-sur-Yon
86 Vienne / Poitiers
87 Haute-Vienne / Limoges
88 Vosges / Epinal
89 Yonne / Auxerre
90 Territoire-de-Belfort / Belfort
91 Essonne / Evry
92 Hauts-de-Seine / Nanterre
93 Seine-Saint-Denis / Bobigny
94 Val-de-Marne / Créteil
95 Val-d'Oise / Pontoise

SUDOKU

Niveau moyen

							1	5
			3		5			
	8	3		2				6
6		9			4			
	7	2		3		5	6	
			7			1		4
9				4		7	8	
			6		3			
2	3							

Solution p 670

Retirer des poils sur un tapis

Pour enlever des poils d'animaux sur un tapis, il suffit de mouiller une grosse éponge, de l'essorer et de frotter la moquette en faisant des cercles. Une boule de poils se formera. Alors on n'aura plus qu'à ramasser.

Un **INCENDIE** particulièrement violent se déclare soudain dans un hôpital de province. Heureusement, l'intervention des pompiers est immédiate, et le personnel s'est également mobilisé pour sauver tous les patients.

Maintenant, le feu dévore la charpente, mais une étrange odeur de **CARAMEL** se mêle à la fumée...

Soudain, l'infirmière en chef se frappe le front et dit au capitaine des pompiers :

—Zut ! Nous avons oublié le **DIABÉTIQUE** du 13...

L'œuf

En raison de sa forme, l'œuf peut parfois être très résistant : lorsqu'on le tient dans sa main et qu'on exerce une pression sur les côtés, il se casse, mais lorsque l'on tient l'œuf par ses extrémités et qu'on essaie de l'écraser, c'est impossible.

Les peuples...

Il y a deux sortes de Grecs : les Grecs modernes, comme Theodorakis ou Moustaki, et les Grecs anciens, comme Démosthène ou Mélina Mercouri. Notons au passage que le père et la mère de Mélina Mercouri sont grecs, ce qui prouve que les Grecs ne sont pas tous pédés.

Pierre DESPROGES

La Belgique, c'est un terrain vague où des minorités se disputent au nom de deux cultures qui n'existent pas.

Jacques BREL

La vie est trop courte pour apprendre l'allemand.

Richard PORSON

Je sais maintenant pourquoi les Anglais préfèrent le thé : je viens de goûter leur café.

Pierre VAILLARD

Un Iranien modéré, c'est celui qui pense qu'un peloton d'exécution devrait être élu démocratiquement.

Henry KISSINGER

Un jour, j'ai expliqué à un Irlandais du nord que j'étais athée, et il m'a dit : "Soit, mais en quel Dieu ne croyez-vous pas, celui des catholiques ou celui des protestants ?"

Quentin CRISP

Il y a trois sous-groupes dans l'espèce humaine : les Hommes, les Femmes et les Allemandes de l'Est.

Pierre DESPROGES

Quand tu bégaies en anglais, ça se remarque deux fois plus ; en italien, ça passe complètement inaperçu.

SAN-ANTONIO

C'est la première fois que j'écris "Suissesses" et je suis épouvanté par la quantité de "s" absorbée par ce simple mot : six "s" pour dix lettres !

Alphonse ALLAIS

L'homme qui a eu le moins de chance dans sa vie : Youri Gagarine. Il est parti d'URSS, il a fait dix-sept fois le tour de la Terre, il est retombé en URSS.

COLUCHE

Quelques trucs pour draguer astucieux

Se forcer à aller au mariage de cousins ou d'amis éloignés. Statistiquement, il est certain qu'il y aura une poignée d'esseulés comme vous, plus ou moins obligés d'être là comme vous, ayant tenu le même raisonnement que vous.

Descendre prendre son petit noir-croissant en terrasse, dans le bistrot sympa du quartier. Par contre, le soir, éviter de trop fréquenter les bistrots pour l'apéro. Une fois de temps en temps, mais ne devenez pas un pilier de bar.

Savoir tirer les tarots, lire les lignes de la main ou dans le marc du café matinal. Ou faire comme si : un peu d'intuition et beaucoup de sous-entendus suffiront.

Prendre l'avion ou le train, plutôt que sa voiture en solo. Et s'autoriser la classe affaires ou les premières. C'est ici que vous trouverez les célibataires de votre âge, au niveau de vie supérieur à la moyenne.

Aborder dans la rue, avec naturel, le(a) voisin(e) avec sa baguette sous le bras. Demandez-lui où il l'achète, elle a l'air si croustillante ! En échange, vous lui indiquerez le meilleur traiteur du quartier.

Si vous allez à la plage, plutôt que de la crème solaire, emportez dans votre panier une crème apaisante, pour calmer les coups de soleil. Vous pourrez proposer de tartiner de Biafine sa méchante rougeur dans le dos.

Laissez votre voiture au parking et votre vélo à la cave. Marchez. À pied, la ville est à portée de main. Surtout si vous allez dîner : ce serait trop bête d'être pourvu(e) d'un véhicule, au cas où l'autre célibataire du dîner se proposerait de vous raccompagner.

Boycotter sa machine à laver et descendre au Lavomatic. Un endroit idéal pour rencontrer des célibataires dépourvus de sèche-linge ou qui, récemment plaqués, n'ont pas encore compris le fonctionnement de leur lave-linge.

Envoyer ses enfants en éclaireurs. Laissez-les jouer dans le bac à sable avec le sien, ou semer la pagaille à deux pas de lui (d'elle). Et se décider à aller sévir juste avant qu'il (elle) ne craque. "Non, non, vous plaisantez, ils ne m'embêtent pas du tout... " Au moins, vous savez qu'il (elle) est très bien élevé(e).

Retourner habilement la situation. Invité(e) à un dîner par des amis communs qui vous veulent du bien avec une autre personne seule, ce guet-apens vous coupe vos moyens ? Rien de tel pour décoincer l'ambiance qu'un "Curieux, non ? On est les deux seuls célibataires !"

Les cris des animaux

Le chat miaule, le lion rugit, le goéland pleure, **la mouette rit**, la cigogne craquette, le crapaud coasse, la pie jacasse, le faon râle, le cheval hennit, **l'oie cacarde**, le crocodile vagit, le paon braille, la mésange zinzinule, le chien aboie, le canard cancane, **le coucou coucoule**, la cigale stridule, le dindon glougloute, **le corbeau croasse**, le tigre feule, l'éléphant barrit, la brebis bêle, **le grillon grésille**.

Contrepèterie

Le doigt dans le trou du fut, la main entre les caisses.

Solution

Le doigt dans le trou du cul, la main entre les fesses.

Anti-hoquet

Il existe plusieurs recettes miracles pour arrêter le hoquet. Étrangement, ce qui marche pour certains est totalement inefficace pour d'autres.

En voici quelques-unes :

- Boire entièrement un verre d'eau à l'envers : penchez-vous vers l'avant et buvez du côté du verre opposé à votre bouche.
- Boire quelque gorgée de lait ou de lait chocolaté.
- Sucer un morceau de sucre ou avaler une cuillérée à café de sucre en poudre.
- Avaler une cuillère de jus de citron.
- Retenir sa respiration pendant 30 secondes, soit environ quatre hoquets.

SPÉCIAL ENFANTS : FARCES ET ATTRAPES

MAMAN, J'AI PERDU UNE DENT

Si tu veux faire une petite frayeur à tes parents ou ressembler à un monstre, emprunte le crayon à yeux de ta mère et colorie-toi quelques dents en noir. Va ensuite les voir en leur disant : **"MES DENTS ONT POURRI DANS LA NUIT !"** Tu peux aussi réaliser cette farce avec un petit morceau de papier noir que tu glisse entre tes dents (sans forcer).

Où est née la cravate ?

Pendant la guerre de Trente Ans, on distinguait les mercenaires croates (appelés aussi hravt) des autres guerriers par le ruban qu'ils portaient autour du cou. Ils furent si appréciés que le port du ruban a été adopté plus tard comme accessoire de mode. Les mots "hravt" et "croate" se mêlèrent et s'altérèrent jusqu'à devenir "cravate".

DES MECS QUI ONT INVENTÉ DES CHIOTTES PAREILS... NE MÉRITENT PAS DE RENTRER DANS L'EUROPE !!
LA TURQUIE EN EUROPE ?
Sabine NOURRIT

Excuse

On ne dit jamais

"excusez-moi".

En effet, l'excuse
n'est pas acquise,
mais doit se demander.
Préférez donc

"je vous prie de m'excuser"

ou

"je vous demande pardon".

Le roi de l'auto-stop

Benoît Poelvoorde a gardé une de ses habitudes de jeunesse : il adore faire de l'auto-stop. Parfois, lorsqu'il veut rentrer plus tard d'une soirée, il laisse sa femme prendre la voiture et revient en stop.

Enigme

Pour faire son fameux gâteau, mère-grand doit ajouter à la pâte 40 cl de lait. Mais elle vient de casser son verre doseur. Dans son placard, elle ne trouve que deux bocaux non gradués, mais dont elle sait que la contenance de l'un est de 30 cl, et celle de l'autre est de 50 cl. Comment fait-elle pour avoir ses 40 cl ?

Solution

Elle verse d'abord le lait à ras bord dans le grand bocal pour obtenir 50 cl. Puis elle transvase le lait d'un bocal à l'autre. Quand le bocal de 30 cl est plein, il reste 20 cl dans le grand. Elle vide le petit. Elle transvase ensuite les 20 cl dans le petit bocal, puis reverse 50 cl dans le grand. Elle verse alors le lait du grand bocal dans le petit jusqu'à ras bord. Comme il était rempli à 20 cl, elle y rajoute 10 cl, ce qui fait qu'il ne lui reste plus que 40 cl de lait dans le grand bocal.

WC-stretching : étirement des bras

Asseyez-vous par terre et tendez le bras sur un support plat (l'assise d'une chaise ou la cuvette des toilettes), la paume de la main vers le haut. Tendez complètement le bras afin d'atteindre la tension maximale, tout en respirant profondément. Gardez la position pendant **30 secondes** puis relâchez. Faites le même exercice de l'autre côté.

Notes de frais

Selon une étude mondiale menée par l'éditeur de logiciels KDS, un salarié sur cinq tricherait avec ses notes de frais. Les Français ont davantage tendance à gonfler leurs frais kilométriques et leurs notes de restaurant.

Linge

Pour blanchir du linge blanc, versez le jus d'un citron dans l'eau de lavage. Sinon, déposez une bassine avec de l'eau savonneuse et votre linge en plein soleil tout un après-midi.
Pour éviter que vos vêtements de couleur ne déteignent, plongez-les une nuit dans la baignoire avec de l'eau et un litre de vinaigre blanc ou un kilo de gros sel.

Manifestants à louer sur Internet

Pour 10 à 30 euros de l'heure, erento.com, un site Internet allemand, propose de louer des manifestants pour n'importe quelle cause, hormis celles à caractère raciste ou xénophobe. Ce site spécialisé dans la location de projecteurs cinéma, DVD et CD
Plus de 300 individus peuvent être réservés à l'heure ou à la journée. Les prix vont de 10 euros de l'heure à 145 euros pour la journée. Les organisateurs mal préparés peuvent également louer des mégaphones, des camions sono et même des vêtements de travail. L'idée de cette offre est née dans l'esprit du co-fondateur d'erento.com, après une initiative de la Fédération nationale des médecins conventionnés allemands. Celle-ci avait investi près de 5000 euros pour payer 170 étudiants et chômeurs pour venir grossir les rangs de leur rassemblement devant le Parlement allemand, pour protester contre une réforme de la santé. Les manifestants devaient effectuer une chaîne humaine pendant une heure pour une action destinée à la presse et à la télévision.

Dormir comme un bébé

Lorsque l'on connaît des difficultés à s'endormir, on a tendance à s'agiter dans son lit et à s'énerver, ce qui ne fait qu'empirer les choses. Si au contraire on cherche à maîtriser sa respiration et à se relaxer, le sommeil vient plus vite. C'est le but de cet exercice. Installez-vous sur le côté, les genoux repliés, une jambe sur l'autre. Soulevez très légèrement et très doucement le genou du dessus sans bouger le pied. Maintenez la posture, puis reposez très lentement le genou. Répétez une dizaine de fois ce mouvement avant de changer de côté. Au fil de l'exercice, votre respiration deviendra de plus en plus ample, profonde et calme. Cela vous aidera à trouver rapidement le sommeil.

Pourquoi y a-t-il plus de baptêmes en Corse que de mariages ?

PARCE QU'IL EST PLUS FACILE DE TROUVER DES PARRAINS QUE DES TÉMOINS !

Pourquoi les Italiens portent-ils des
chaînes en or ?

POUR SAVOIR OÙ S'ARRÊTER QUAND ILS SE RASENT.

Comment la police fait-elle pour disperser une manifestation en Écosse ?

ELLE FAIT LA QUÊTE !

L'auréole

L'auréole a été inventée par les bâtisseurs de cathédrales. Pour protéger les statues des saints des pigeons et de leurs déjections, ils placèrent des coupelles plates au-dessus de leur tête. Elles furent adoptées par les peintres du Ve siècle pour symboliser la pureté, la lumière et l'esprit saint. L'auréole se généralisa au VIIe siècle dans les représentations des saints.

Anniversaire

Dans le monde, 9 millions de personnes environ sont nées le même jour que vous.

SUDOKU

Niveau difficile

			8	4	2		6	1
8		1		9	3	4		
4	2	3	1	6	7			9
2	1	4	7	5	9	6	8	3
5				2	6	7	1	4
	3					2	9	
			9	1	8	5		6
	5	8		7	4	9	3	
9	7		2				4	

Solution p 670

People

Jennifer Aniston a perdu ses kilos avec le régime The Zone.

Depuis les débuts de Friends, où elle était considérée comme la " boulotte " de la bande, Jennifer Aniston a fondu de 15 kilos. Un peu complexée, l'ex-femme de Brad Pitt suit un entraînement sportif quasi quotidien composé de jogging, de gym et de yoga. Elle suit aussi un régime drastique appelé " The Zone ". Ce régime très à la mode sur la côte ouest des États-Unis est basé sur une règle simple : 40 % de carbohydrates, 30 % de lipides et 30 % de protéines. L'efficacité de ce régime est prouvée, puisqu'il a fait des émules : Brad Pitt, mais aussi Matt Le Blanc et Matthew Perry (qui pour leur part n'ont fait que grossir pendant la série) s'y sont également mis.

Poisson d'avril

Le 1er avril 1978, le journal britannique The Times publiait une offre extraordinaire : l'agence de voyage Thomas Cooke proposait quelques voyages autour du monde au prix demandé 100 ans plus tôt, en 1878. Des centaines de candidats se sont précipités dans les bureaux de l'agence. La direction était folle de rage. Les journalistes qui avaient monté ce poisson d'avril se sont fait virer !

Taches

Tache de betterave

Tamponnez la tache avec un mélange fait moitié d'eau fraîche, moitié de jus de citron.

Tache de café

Sur de la moquette ou des tapis, imbibez la tache d'un mélange de vinaigre blanc et d'alcool à 90°, rincez à l'eau froide, et séchez avec soin.

Sur un tissu blanc : remplacez l'alcool à 90° par de l'eau oxygénée.

Tache de cambouis

Posez sous le tissu une feuille de papier absorbant. Enduisez la tache de beurre, puis grattez le cambouis à l'aide d'un couteau. Rincez.

Sur du tissu synthétique, solidifiez le cambouis au préalable avec du White Spirit® et décollez-le à l'aide d'un couteau. Enduisez la tache de beurre, frottez légèrement, puis lavez-la à l'eau savonneuse.

Tache de chocolat

Glissez sous le tissu un tampon de coton, type tampon de démaquillage, puis frottez la tache avec du jus de citron.

Tache d'encre

Glissez un tissu sous la tache, puis imbibez de vinaigre et de jus de citron et appuyez pour absorber. Sur les lainages, vous pouvez remplacer le vinaigre par de la crème fraîche.

La vieillesse...

On sait qu'on est vieux le jour où, à notre anniversaire, nos amis se rapprochent du gâteau pour se réchauffer.

George BURNS

On s'imagine toujours, et à n'importe quel âge, qu'on sera vieux dans quinze ans.

Bill COSBY

Il y a trois âges dans la vie : la jeunesse, l'âge mûr et "T'as l'air en forme, aujourd'hui !"

John CANDY

La vie serait bien plus heureuse si nous pouvions naître à 80 ans et nous rapprocher peu à peu de 18 ans.

Mark TWAIN

Quand on est vieux, tout notre corps nous fait souffrir, et ce qui ne nous fait pas souffrir ne fonctionne plus.

George BURNS

Des inventeurs qui ont donné leur nom à leurs inventions

Michel Bich :

le stylo Bic

Louis Rustin :

la rustine

Eugène Poubelle :

la poubelle

Rudolf Diesel :

le diesel

Adolphe (dit Adi) Dassler :

Adidas

Un beau jour, Pedro, un paysan mexicain, passe la frontière entre son pays et les États-Unis, un vélo à la main, sur le porte-bagages duquel se trouve attaché un sac. Diego, le douanier, lui demande ce qu'il a à déclarer ; et Pedro affirme qu'il n'a rien à déclarer…

— Et dans ce sac, là ?..

— JUSTE DU SABLE…

Diego lui demande de vider son sac, qui effectivement ne contient que du sable ordinaire, et le laisse passer.

Le lendemain, même scène : Pedro arrive sur son vélo, avec un sac de sable qui, vérification faite, n'est que du sable commun.

Et le scénario se présente plusieurs fois de suite, pendant des mois…

Diego se doute bien qu'il y a quelque chose de louche, mais il ne trouve rien, et finit même par se prendre d'affection pour cet étrange voyageur.

Plus tard, Diego prend sa retraite, et croise par hasard Pedro dans son village :

— Amigo ! Me voilà à la retraite, maintenant. Je sais que tu trafiquais quelque chose… Allez ! Tu peux bien me le dire, maintenant… c'était du trafic de quoi ?

— DE VÉLOS, AMIGO !

Le poids de l'âme

21 grammes. C'est le titre du film d'Alejandro Gonzalez Inarritu, qui s'est inspiré d'un certain Duncan MacDougall, médecin dans les années 1900. MacDougall, fervent croyant et fasciné par la mort, a consacré sa carrière à tenter de mesurer le poids de l'âme. Pour cela, il a fait fabriquer un lit-balance, et a jeté son dévolu sur des tuberculeux en phase terminale (les plus à même d'agoniser sans mouvement musculaire). Son étude, menée par six mourants, a montré qu'ils perdaient exactement 21 grammes, au moment de la mort. Ce poids n'était pas dû au relâchement de la vessie ou du sphincter puisque les déjections restaient dans le lit. Pour prouver qu'il ne s'agissait pas du poids du dernier souffle du patient, il a fait grimper sur le lit l'un de ses assistants pour respirer et souffler, sans faire osciller la balance.

MacDougall a ensuite répété son étude sur une quinzaine de chiens qui, conformément à ses convictions religieuses, ne sont pas pourvus d'une âme. Les chiens n'ont perdu aucun poids. Mais le plus difficile à établir fut le moment exact du décès et de l'allègement du corps. En effet, des sceptiques lui objectèrent que cette perte de poids semblait arriver plus tard chez certains patients. MacDougall leur répondit : "Le poids de l'âme est retiré du corps quasiment à l'instant du dernier souffle, bien que chez les sujets de tempérament oisif, elle puisse rester une minute entière dans le corps." Cette étude au système inexact, au corpus restreint (six patients) et aux résultats variables est fort douteuse. Cependant, on peut s'étonner qu'avec l'avancée de la science, elle n'ait pas été reprise depuis par d'autres médecins.

Source : Courrier International, hors série, 2006

Jeu

Touvez l'intrus

Vinaigrette

Carotte

Courgette

Casserole

Solution

La casserole n'est pas mangeable.

Pourquoi le pastis blanchit-il ?

Dans les boissons à base d'anis, on retrouve des molécules responsables de ce goût si particulier : les terpènes. Ces molécules sont solubles dans l'alcool (et le pastis, contenant 40° d'alcool les maintient dissous), mais pas dans l'eau. En effet, en présence d'eau, les molécules ont tendance à se disséminer, ce qui donne cet aspect laiteux et trouble.

Apprenez à vous connaître

Avant d'essayer d'être bien dans sa peau, l'essentiel est de bien nous connaître et d'évaluer où sont nos forces et nos faiblesses. Ainsi, faire une liste des points forts et des points faibles permet de voir sur quoi l'on doit travailler, et quelles sont les qualités que l'on a en nous pour nous aider à y parvenir.

Économie à chaque chasse d'eau

Dans le réservoir de la chasse d'eau, il suffit d'installer une brique emballée dans un sac congélation fermé hermétiquement. Ainsi, on consommera moins d'eau à chaque utilisation de la chasse d'eau.

La chanteuse Nâdiya championne de France

Avant de faire carrière dans la chanson, Nâdiya a eu une vie de sportive. En effet, à l'âge de 16 ans, elle a reçu le titre de championne de France du 800 m. Et ce n'est pas la seule athlète de la famille : son frère Kader a été champion du monde de boxe française.

Café ou thé

Ne laissez jamais
votre cuillère
dans votre tasse.
Reposez-la plutôt
sur la soucoupe
prévue à cet effet
dès que vous avez fini
de vous en servir.

Les 13 desserts de Noël

La tradition provençale veut que le repas de Noël, après la messe de minuit, se termine par treize dessert. Ce nombre symbolise celui des convives de la Cène, Jésus et ses douze apôtres.
Les desserts doivent tous être servis ensemble et disposés sur la table dans de petites corbeilles.
Ce qu'on appelle les quatre mendiants, qui sont des fruits secs :
figues,
amandes,
raisins secs
noix
Le nougat blanc, composé de noisettes, pignons de pain et pistaches
Le nougat noir : (miel de lavande et amandes
La pompa d'oli (pompe à huile) : gâteaux à la fleur d'oranger et aux écorces d'agrumes)
Calissons ou fruits confits (selon la région)
Le verdau : melon d'hiver
Les dattes farcies de pâte d'amande
Oranges
Clémentines ou mandarines
Poires, pommes ou raisin

Un beau jour, Pedro, un paysan mexicain, passe la frontière entre son pays et les États-Unis, un vélo à la main, sur le porte-bagages duquel se trouve attaché un sac. Diego, le douanier, lui demande ce qu'il a à déclarer ; et Pedro affirme qu'il n'a rien à déclarer…

— Et dans ce sac, là ?..

— **JUSTE DU SABLE…**

Diego lui demande de vider son sac, qui effectivement ne contient que du sable ordinaire, et le laisse passer.

Le lendemain, même scène : Pedro arrive sur son vélo, avec un sac de sable qui, vérification faite, n'est que du sable commun.

Et le scénario se présente plusieurs fois de suite, pendant des mois…

Diego se doute bien qu'il y a quelque chose de louche, mais il ne trouve rien, et finit même par se prendre d'affection pour cet étrange voyageur.

Plus tard, Diego prend sa retraite, et croise par hasard Pedro dans son village :

— Amigo ! Me voilà à la retraite, maintenant. Je sais que tu trafiquais quelque chose… Allez ! Tu peux bien me le dire, maintenant… c'était du trafic de quoi ?

— **DE VÉLOS, AMIGO !**

Eternuement

L'Anglaise Donna Griffiths a commencé à éternuer le 13 janvier 1987 et ne s'est arrêtée que 978 jours plus tard ! Bien qu'éternuer ne soit pas dangereux, il est préférable que ça ne dure pas plus de quelques minutes.
Quand on éternue, l'air sort des poumons à une vitesse de 100km/h.

Devinette

J'ai six pieds.
Avec mes six pieds, je suis un terrible cri.
Quand on m'enlève le premier pied, je suis une goutte d'eau salée.
Quand on m'enlève un deuxième pied, je suis très dangereux.

Solution

L'alarme.

Les bons moments de la vie !

Se coucher dans son lit : le meilleur moment de la journée.
S'embrasser pour la première fois.
Regarder le soleil se coucher.
Passer un bon moment avec ses meilleurs amis.
Avoir un fou rire.
Découvrir au détour d'une balade un paysage magnifique.
Chanter sur sa chanson préférée à la radio.
Entendre quelqu'un nous dire qu'il nous aime.
Sortir de la douche ou du bain et s'envelopper dans une serviette chaude.
Se réveiller en pleine nuit en se rendant compte qu'on peut encore dormir quelques heures.
Retrouver 20 euros dans la poche d'un vêtement non porté depuis longtemps.
Retrouver un vieil ami et se rendre compte que les choses n'ont pas changé entre nous.
Entendre accidentellement quelqu'un dire quelque chose de bien sur soi.
Tomber amoureux.

D'où vient l'expression "tournée des Grands Ducs" ?

En vue de l'Exposition universelle de 1900, le président de la République française Sadi Carnot fit construire un pont en face des Invalides qu'il nomma le pont Alexandre III, symbole de l'amitié entre la France et la Russie.
Lorsque le Tsar vint inaugurer le pont, il était entouré de grands ducs. Ces hauts dignitaires avaient pris l'habitude d'aller boire et de hanter les cabarets jusqu'à la fin de la nuit.

Des spaghettis qui ne collent pas

Pour que les pâtes ne se collent pas entre elles lors de la cuisson, ajouter un peu de vinaigre à l'eau de cuisson. L'huile ne se mélangeant pas à l'eau, il est inutile d'en mettre, contrairement à ce que l'on croit.

Qu'est-ce qu'un Noir avec de la merde au cul ?

UN SANS PAPIER.

SPÉCIAL ENFANTS :
FARCES ET ATTRAPES

LA FAUSSE GLACE BRISÉE

Utilise l'eye-liner
de ta maman
pour dessiner
sur le miroir
de la salle de bain
de fausses brisures
très fines.

EFFET GARANTI !

People à la plage
Leurs vacances en 2007

Rod Stewart à Portofino
Geri Halliwell à Saint-Tropez
Priscilla à Antibes
James Blunt à Formentera
Tim Burton en Sardaigne
Helen Hunt à Hawaii
Tom Cruise et Katie Holmes à Saint-Tropez
Pink à Monaco
Buce Willis et Tamara Feldman en Sardaigne
Naomi Campbell aux îles Éoliennes
George Clooney à Saint-Tropez
Ségolène Royal en Guadeloupe
Isabelle Adjani à Los Angeles

Les Anglais rêvassent pendant les réunions de travail

Les cadres et employés britanniques passent en moyenne 150 heures par an en réunions au cours desquelles la plupart d'entre eux n'écoutent guère leurs patrons et rêvent de sexe, de vacances et de gastronomie, selon une enquête anglaise publiée en septembre 2006.

Avaler facilement un comprimé

Pour avaler une pilule plus facilement ou la faire avaler aux enfants, l'écraser entre deux cuillères et la mélanger à de la confiture. Ce sera plus facile à avaler que si le comprimé est enroulé de mie de pain, et bien meilleur.

Perles des politiciens

Chaque jour, un hectare en moins disparaît.

Brice LALONDE

Le chômage en hausse prouve le bon état de notre démographie.

Jack LANG

Le président Kennedy a eu la sagesse de partir au bon moment.

Charles de GAULLE

Les communistes ont un discours et une attitude clairs. Nous n'avons jamais changé. Nous ne changerons jamais ! Nous sommes favorables au changement !

Georges MARCHAIS

Pas question d'être l'instrument que l'on agite entre les partis !

Raymond BARRE

Les jeunes sont destinés à devenir des adultes.

Jean-Pierre RAFFARIN

Nos importations viennent de plus en plus de l'étranger.

George W. BUSH

Je ne connais personne qui soit mort du sida.

Thabo MBEKi, président sud-africain

Je n'imagine pas cette île séparée du continent !

Jean-Louis DEBRÉ, à propos de la Corse

La route est droite mais la pente est forte.

Jean-Pierre RAFFARIN

Je dors dans l'avion. L'astuce est de bien choisir son voisin ! Il faut prendre le plus con pour ne pas être tenté de lui parler pendant le voyage.

Jacques CHIRAC

Les députés ont un organe plus développé que les autres : le trouillomètre.

Dominique de VILLEPIN

Je ne parlerai ni des attentats ni des incendies. Je ne parlerai que de la Corse qui travaille.

Ségolène ROYAL

Maintenant, il suffit qu'elle se dise proaméricaine et je lui propose la présidence de l'UMP.

Nicolas SARKOZY à propos de Ségolène ROYAL

Je pense que la guerre est un endroit dangereux.

George W. BUSH

Le nain de la place Beauvau ne sera jamais président. C'est le contraire d'un homme d'Etat.

Dominique de VILLEPIN

Les veuves vivent plus longtemps que leur conjoint.

Jean-Pierre RAFFARIN

Je suis peut-être nul mais le ministre c'est moi !

Pascal CLÉMENT

Gymnastique faciale
les lèvres

1

La tête entre les mains, ouvrez grand la bouche et dites **"O"**, en prenant l'air surpris. Cet exercice en renforçant l'ourlet de la lèvre va vous donner une bouche pulpeuse.

2

Alternez dix fois un **"O"** et un "Eh" pour étirer les lèvres.

Taux de TVA en Europe

Suède	25 %
Danemark	25 %
Finlande	22 %
Belgique	21 %
Irlande	21 %
Portugal	21 %
Autriche	20 %
France	19,6 %
Pays-Bas	19 %
Grèce	19 %
Royaume-Uni	19 %
Allemagne	19 %
Espagne	16 %
Luxembourg	15 %

Test

Etes-vous prêt à rencontrer l'âme sœur ?

Ce qui peut vous pousser aujourd'hui à rencontrer enfin l'âme sœur, c'est :

■ Vos proches, tous en couple.
◆ Vos hormones qui vous travaillent.
● vos parents, qui commencent à s'inquiéter.

Vos histoires d'amour se sont terminées le plus souvent :

● Dans l'indifférence.
◆ Dans l'amitié.
■ Dans les larmes.

Vous envisagez de vous fixer un programme de rencontres, vous commencez par :

◆ Consulter votre horoscope.
■ Activer le réseau des amis.
● Explorer toutes les sites de rencontres sur le net.

Pourtant, ce que vous craignez surtout c'est :

■ De vous faire encore larguer, au bout de quelques jours.
● De tomber sur un pot de colle que vous ne pourrez plus faire sortir de votre vie.
◆ De vous emballer trop vite.

Que pensez-vous de l'expression : "Mieux vaut être seul que mal accompagné"...

● La solitude est aussi une très mauvaise compagne.
◆ Ce n'est pourtant pas les mieux loti(e)s qui prétendent ça !
■ Vous demandez d'abord à pouvoir essayer par vous-même avant de vous prononcer.

Lorsque vous vous regardez dans un miroir, vous vous dites :
■ D'accord, je suis pas canon, mais il y a tout ce qu'il faut pourtant.
◆ Il est temps que j'entreprenne un sérieux travail de rénovation.
● Si j'étais un mec (une femme), je flasherais immédiatement en voyant tout ça.

Si un homme (une femme) vous demandait de tout quitter pour lui(elle), le plus dur serait d'abandonner :
■ Vos parents.
● Vos amis.
◆ Votre pays.

Lorsque vous tombez amoureux(se), vous êtes obsédé(e) par:
● Sa poitrine.
◆ Son caractère.
■ Ses performances amoureuses.

Résultats

Majorité de ■

Prêt(e) à envisager toutes les opportunités qui se présentent, vous n'êtes pas fixé(e) sur un type de femme (d'homme) ou un profil particulier pourvu que votre relation s'établisse autour de centres d'intérêts communs. Si vous entrevoyez une rencontre en perspective celle-ci doit avant tout s'établir sur un climat de confiance et de compréhension. Choisissez donc votre terrain de rencontre en vous rendant dans tous les lieux que vous aimez et en développant les activités que vous affectionnez. C'est en partageant vos passions que vous découvrirez celui (celle) avec lequel vous saurez les développer.

Majorité de ●

Si vous vous sentez prêt(e) à vous engager, c'est d'abord parce que vous ressentez un profond besoin de tendresse. Disponible pour une éventuelle rencontre, vous vous méfiez cependant de votre sensibilité qui vous entraîne parfois dans des aventures douloureuses. C'est pourquoi il vous faut avant tout oublier vos expériences passées même si vous avez le sentiment d'avoir été blessé(e) en vous engageant sans retour. Si vous avez également du mal à contrôler votre impatience, c'est aussi parce que vous trouvez que les occasions de rencontres sont rares. Mais êtes-vous bien sûr(e) d'avoir exploré toutes les possibilités ?

Majorité de ◆

Vous ne refusez pas l'idée d'une rencontre pourvu que ce ne soit pas sur un simple coup de tête. Vous aimez contrôler tout ce que vous faites et même aussi parfois vos sentiments. Réservé(e) dans vos rapports avec les autres, vous semblez avant tout soucieux(se) de préserver une certaine indépendance. C'est pourquoi la rencontre doit être pour vous le résultat d'une préparation, l'aboutissement d'un projet que vous conduisez méthodiquement comme tout ce que vous entreprenez. Quelle part laissez-vous alors au hasard ? Donnez-lui une chance. N'oubliez pas que l'amour est aveugle et qu'il surviendra lorsque vous vous y attendrez le moins.

Les fumeuses engendreraient davantage de filles

Une étude anglaise, faite entre 1998 et 2003 sur 9 000 accouchements aurait démontré que les chances d'avoir un garçon sont amoindries si les deux parents sont fumeurs, surtout au début de la grossesse. Le fait de fumer serait fatal aux fœtus mâles et provoquerait des fausses couches. Dans les pays occidentaux, on compte actuellement 52 % des naissances d'enfants de sexe masculin. Or, chez les parents fumeurs, la proportion de filles serait spectaculairement plus élevée : les femmes qui fument pendant la grossesse auraient un tiers de chances en moins d'avoir un garçon. Les chances diminuent encore avec l'âge, la présence de fumeurs autour de la femme enceinte et son état de santé général. La cause en serait à la moins bonne résistance du chromosome Y responsable du gène masculin, ainsi qu'à sa sensibilité aux changements provoqués dans l'organisme de la femme. En effet, fumer, en plus de réduire la production d'œstrogènes, provoque des changements dans l'utérus.

Un couple très âgé se présente devant le juge des conciliations.

— Nous voulons **DIVORCER**.

— Quel âge avez-vous, monsieur ? demande le magistrat.

— **QUATRE-VINGT-SEIZE ANS...**

— Et vous, madame ?

—**QUATRE-VINGT-QUATORZE ANS...**

— Depuis combien de temps êtes-vous mariés ?

— **SOIXANTE-DIX ANS !**

— Et il vous a fallu soixante-dix ans pour vous rendre compte que vous ne pouviez plus vivre ensemble ?

— Non, mais on a voulu attendre que les enfants soient morts...

Économie d'eau

Lorsque vous faites couler l'eau pour qu'elle soit à la température désirée, au lieu de la laisser se perdre dans les égouts, conservez-la dans un arrosoir pour arroser les plantes.

Anti-crise de nerfs

Si vous vous sentez sur le point de faire une crise de nerfs, massez votre plexus solaire (petit creux situé entre les deux seins ou les deux pectoraux) avec une goutte d'huile essentielle de lavande (diluée dans un peu d'huile d'amande douce), dans le sens des aiguilles d'une montre.

SUDOKU

Niveau facile

		6	4		3	5		
2	4	9	5	8	6	7	1	3
5	7	3	9	2	1	4	8	6
	5		2		7		3	
	6		1		5		7	
1	8	4		5		9	6	7
7	9	5		6		3	2	1
		2		1		8		

Solution p 671

Les fautes de français

Ne dites pas	Dites plutôt
Ce midi	A midi
Ce tantôt	Bientôt
Des fois	Parfois
Au plaisir	Au revoir
Amener un plat	Apporter un plat
De suite	Tout de suite
Mince	Zut
le frère à Sophie	Le frère de Sophie
Au coiffeur	Chez le coiffeur
Se rappeler de quelque chose	Se rappeler quelque chose
Réaliser que (l'on a oublié)	Se rendre compte (que l'on a oublié) ou réaliser (un film)
Après qu'il ait (mangé)	Après qu'il a mangé ou qu'il eut mangé
Un espèce de truc	Une espèce de truc

Une grand-mère anglaise condamnée pour avoir cuisiné du cannabis

En mars 2007, une grand-mère anglaise, qui cuisinait du cannabis pour lutter contre la dépression, a été condamnée à 250 heures de travaux d'intérêt général par le tribunal de Carlisle, au Royaume-Uni. Le jury n'a mis que 15 minutes pour la juger coupable. Patricia Tabram, 68 ans, cultivait quatre pieds de cannabis dans une armoire à son domicile de Humshaugh (Northumberland), en violation d'une première condamnation à six mois de prison avec sursis.
Elle a expliqué au tribunal qu'elle utilisait le cannabis pour lutter contre la dépression dont elle souffre depuis 1975, lorsqu'elle avait découvert son fils de 14 ans mort dans son lit, et pour soulager des douleurs persistantes dues à deux accidents de voiture. Ajouter du cannabis à une tasse de chocolat chaud lui donne, selon elle, cinq heures de répit alors que les médicaments ont de nombreux effets secondaires.
La police était intervenue chez elle en septembre 2005 sur dénonciation et avait trouvé, outre les plants, un bocal de poudre de cannabis près de la cuisinière. Elle avait également indiqué à la police que son congélateur était rempli de plats cuisinés et de glaces contenant du cannabis, qui n'ont pas été confisqués pour ne pas la priver de nourriture.
Patricia Tabram est l'auteur du livre Mamie mange du cannabis et deux fois grand-mère. Après sa première condamnation, elle avait été candidate lors des élections législatives de 2005 avec un programme pro-cannabis.

L'expression "qui dort dîne"

L'expression remonte au XVIIIe siècle. On la trouvait sur des écriteaux placardés par les aubergistes sur la porte de leur établissement. "Qui dort dîne" voulait donc dire que les voyageurs devaient prendre leurs repas à l'auberge s'ils voulaient y passer la nuit.

Paris Hilton et la prison

En septembre 2006, Paris Hilton est arrêtée pour conduite sous l'influence de l'alcool avec un taux d'alcoolémie de 0.08% dans le sang. Ce seuil, illégal en Californie, entraîne, dès novembre 2006, la suspension de son permis de conduire. Elle plaide alors coupable pour conduite en état d'ivresse en janvier 2007 et est condamnée à 36 mois de mise à l'épreuve et 1500 dollars d'amende.

Mais le 27 février, Paris Hilton est arrêtée au volant de sa Bentley sur Sunset Boulevard, roulant à plus de 70 km/h dans une zone limitée à 30 km/h, tous feux éteints. Elle est condamnée, le 4 mai 2007, à 45 jours de prison ferme par un juge de Los Angeles, Michael T. Sauer, pour avoir violé les termes de sa mise à l'épreuve en conduisant sans permis.

Pour soutenir Paris, une pétition a été mise en place afin de la remettre au gouverneur de Californie, Arnold Schwarzenegger, pour demander sa grâce. Mais celle-ci ne lui sera finalement pas accordée. Paris Hilton pourra effectuer sa peine dans une unité spéciale d'une prison du comté de Los Angeles réservée aux célébrités et aux personnes importantes.

Paris commence à purger sa peine le 3 juin 2007, mais elle sort de prison moins de 72 heures plus tard pour des raisons médicales. Sa peine est alors commuée par le Shérif de Los Angeles en assignation à résidence avec bracelet électronique de surveillance. Cependant, dès le lendemain, le juge Michael Sauer, en désaccord avec le shérif de Los Angeles, exige son retour en prison. La police du shérif vient récupérer la vedette menottée, à son domicile, afin d'organiser une nouvelle audience au tribunal de Los Angeles. Minute par minute, les images de l'affaire Hilton sont retransmises sur les chaînes américaines. Au tribunal, le juge ordonne que Paris retourne en prison et c'est en pleurs que la jeune femme quitte le tribunal. La jeune femme de 26 ans perd le même jour son agence artistique.

Le 14 juin 2007, Paris est transférée dans un hôpital pénitentiaire plus strict de Los Angeles afin de démentir l'accusation de traitement de faveur qui lui a été faite lorsqu'elle est sortie de prison.

Le 26 juin 2007, elle est libérée de prison après avoir purgé 23 jours d'incarcération, pour bonne conduite.

Une voiture de concurrents du Paris-Dakar stoppe en plein désert du Ténéré pour permettre au copilote de soulager un besoin pressant. Il est en train de le faire contre un cactus lorsqu'il pousse un hurlement et revient vers son équipier.

— Un serpent m'a mordu le zizi ! J'ai mal... j'ai mal...

— Pas de panique ! dit le pilote, j'appelle l'assistance médicale par radio. Il coiffe les écouteurs, établit le contact, et explique ce qui vient de se passer.

— Il était comment, ce serpent ? Vous pouvez le décrire ? interroge le médecin en ligne.

— Tu peux décrire le serpent ? demande le pilote à son copain.

— Il mesurait environ soixante centimètres, avec un corps marron et un triangle blanc sur la tête...

— Soixante centimètres, corps marron, tête avec un triangle blanc..., fait le pilote dans le micro.

— Je vois, dit son interlocuteur. C'est un crotale des sables. Sa morsure est mortelle. Vous avez du sérum ?

— Non.

— Écoutez, il reste trois minutes avant que le venin agisse. Même avec l'hélicoptère, nous n'arriverons jamais à temps. Alors il n'y a qu'une solution : vous allez sucer longtemps la plaie et aspirer.

— Qu'est-ce qu'il dit ? demande le copilote.

— Il dit que tu vas mourir...

Éviter les odeurs dans le réfrigérateur

Pour éviter les mauvaises odeurs, placer dans un coin du réfrigérateur le reste d'un citron pressé que vous aurez utilisé en cuisinant.

Surnoms des clubs de football

Lorient : les Merlus

Strasbourg : les Cigognes

Sochaux : les Lionceaux

Nantes : les Canaris

Sedan : les Sangliers

Rennes : les Rouge et Noir

Lens : les Sang et Or

Toulouse : les Téfécé

Saint-Etienne : les Verts

Bordeaux : les Girondins

Lyon : les Damiers

Valenciennes : les Rouge et Blanc

Suite logique

Complétez cette suite :

U D T Q C S

Solution

S H N D… : U = Un, D = Deux, T = Trois, Q = Quatre, C = Cinq, S = Six, etc.

Enigme

Dans une jardinerie, Paul vend des fleurs jaunes, blanches et roses. Certains bouquets ne comportent qu'une couleur, certains en comportent deux, certains réunissent les trois couleurs. Sachant qu'il compose 80 bouquets, combien d'entre eux présentent les trois couleurs ?
Le nombre de bouquets comportant des fleurs roses et des fleurs blanches est identique au nombre de bouquets contenant des fleurs jaunes et blanches, mais pas de roses. Le nombre de bouquets ne contenant que des fleurs blanches est identique au nombre de bouquets ne contenant que des fleurs roses. Le nombre de bouquets ne contenant que des fleurs jaunes est identique au nombre de bouquets des fleurs roses, des jaunes, mais pas des blanches. 40 bouquets contiennent des fleurs roses, 49 contiennent des fleurs blanches et 44 contiennent des fleurs jaunes. 38 bouquets sont composés de fleurs d'une seule couleur.

Solution

11 bouquets.

Censure et recyclage aux Philippines

Les douaniers des Philippines ont confisqué en un an pour 9 000 euros environ de magazines pornographiques, saisis sur des passagers à l'aéroport de Manille. Les autorités ont décidé de recycler ce papier et de reverser la somme récupérée à la Philippine Bible Society, pour éditer de la littérature religieuse, et principalement des bibles.

Le coach des stars

Angelina Jolie et Sylvester Stallone ont pour point commun l'entraîneur le plus en vue d'Hollywood : Gunnar Peterson. Ce coach très sévère est connu pour ses entraînements impitoyables et toujours différents. De plus, il se vante de ne jamais proposer les mêmes exercices à ses clients. Et les vedettes s'arrachent ses services, à tel point que certaines stars sont sur liste d'attente. C'est notamment grâce à lui que Angelina Jolie a modelé sa silhouette pour se préparer au tournage de Lara Croft.

Durée de vie des animaux

Bigorneau : 10 ans
Lion : 20-25 ans
Grue : 50 ans
Chimpanzé : 20 ans
Papillon : 1 jour à quelques mois
Poule : 15-20 ans
Tortue des Galapagos : 100 ans
Lézard : 12 ans
Moineau : 12 ans
Eléphant : 70 ans
Guêpe : 1 an
Dauphin : 25-30 ans
Fourmi : 6 ans
Sole : 40 ans
Rat : 4 ans
Crocodile : 80 ans

Faire une sieste éclair

La sieste n'est pas réservée à ceux qui n'ont rien à faire et aux paresseux ! Source de bien-être et de bonne santé, nous devrions tous nous accorder un moment de repos après le déjeuner. De nombreuses études ont en effet montré que les bienfaits de la sieste sont nombreux. Ainsi, elle permet de réduire son temps de sommeil d'au moins un cycle (entre une heure et demie et deux heures selon les individus), d'être plus créatif et productif (on travaille mieux et plus rapidement quand on a fait une petite sieste) et de lutter contre le stress et la déprime. Et pas besoin de dormir deux heures pour récupérer. Une sieste éclair de 10 à 20 minutes suffit largement à recharger ses batteries et à évacuer ses tensions.

IL N'EST PAS INTERDIT D'AMÉLIORER LE CONFORT DANS UN WC TURC, NON ?!
Sabine NOURRIT

Le boulot...

Le problème avec la ponctualité, c'est qu'il n'y a personne pour l'apprécier.

Frankin P. JONES

La paresse a cela de mortel que, dès qu'on en triomphe, on la sent qui renaît.

Jules RENARD

Il n'y a qu'un patron : le client. Et il peut licencier tout le personnel, depuis le directeur jusqu'à l'employé, tout simplement en allant dépenser son argent ailleurs.

Sam WALTON

Le temps perdu ne se rattrape jamais. Alors, continuons de ne rien faire.

Jules RENARD

Des crêpes plus moelleuses

Pour faire des crêpes moelleuses, séparer les blancs et les jaunes d'œufs. Mélanger les jaunes d'œufs à la farine et au lait. Ensuite, battre les blancs en neige et les incorporer délicatement à la préparation. Vos crêpes seront ainsi plus moelleuses.

Le sexe, excellent déstressant

Stuart Brody, dans une étude publiée dans la sérieuse revue Biological Psychology, tend à prouver qu'un vrai rapport sexuel – avec pénétration – est le meilleur destressant possible. Abaissant la pression artérielle, un rapport sexuel serait idéal avant un entretien d'embauche, par exemple. Ce psychologue américain a analysé l'état de stress de ses patients en mesurant leur pression artérielle, et ce, en fonction des rapports sexuels qu'ils avaient pu avoir chaque jour.
Durant deux semaines, chaque participant devait noter quotidiennement quel(s) type(s) de rapport(s) il avait pratiqué(s) : pénien-vaginal, oral, anal, solitaire, ou alors aucun. Il était soumis ensuite à un faux entretien d'embauche. C'est donc en majorité après un rapport pénien-vaginal que le niveau de stress serait le plus bas.

Le docteur dit à son patient :
— J'ai une mauvaise et une très mauvaise nouvelle à vous annoncer.
— Commencez par la mauvaise.
— J'ai reçu les résultats de vos tests. L'analyse indique très clairement qu'il ne vous reste plus que vingt-quatre heures à vivre.
— Vingt-quatre heures ! Mais c'est horrible ! C'est incroyable ! Et vous dites que vous avez une nouvelle encore plus mauvaise à m'annoncer ?
— Oui, ça fait depuis hier que j'essaie de vous joindre pour vous l'annoncer...

Contrepèteries salaces

Je rêve d'une escalope avec une belle salade.

Il ne faut pas se marrer avec l'amiante.

Elle a fait une bise sur la tête.

Solution

Je rêve d'une escalade avec une belle salope.
Il ne faut pas se marier avec l'amante.
Elle a fait une thèse sur la bite.

Musculation des triceps

Assis, un haltère court ou un objet lourd dans la main, tendez le bras au -dessus de la tête.
Descendez lentement et progressivement l'haltère derrière la tête en faisant attention de ne pas le cogner contre votre nuque.
Revenez lentement à la position de départ en tendant complètement le bras.
Expirez lorsque vous tendez le bras et inspirez lorsque vous descendez l'haltère derrière la tête.
Veillez bien à conserver le bras en position verticale durant toute la durée du mouvement.

Du lait allégé sortant directement de la vache

En 2001, après la découverte, tout à fait par hasard, d'une mutation génétique survenue spontanément chez une vache, des scientifiques néo-zélandais se sont mis à élever une lignée de vaches dont le lait est pauvre en graisse. La société de biotechnologie Vialactia affirme que leur lait contient environ 1% de graisse, alors que le pourcentage normal est de 3,5% pour le lait entier. Riche en acides gras oméga-3 bénéfiques pour la santé, ce lait fournirait du beurre allégé aussi facile à étaler que de la margarine, même en sortant du réfrigérateur.
Marge, la fameuse vache au gène mutant, aurait transmis ce gène à caractère dominant à ses descendants qui produisent eux aussi du lait allégé. La firme espère commercialiser en 2011 le premier troupeau de vaches productrice de lait allégé et de beurre à tartiner.

Figures sur les cartes à jouer

Carreau

Valet : Hector, héros troyen
Dame : Rachel, personnage biblique
Roi : Jules César

Cœur

Valet : Lahire, ami de Jeanne d'Arc
Dame : Judith, personnage biblique
Roi : Charlemagne

Trèfle

Valet : Lancelot
Dame : Régina
Roi : Alexandre le Grand

Pique

Valet : Ogier, compagnon de Charlemagne
Dame : Pallas Athéna
Roi : David

La soupe

En France, l'usage est de boire le potage avec le devant de la cuillère, ce qui explique pourquoi les cuillères à soupe sont pointues. Peut-être avez-vous remarqué pendant vos voyage que les cuillères à soupe anglo-saxonnes sont ronde : il est d'usage chez eux de boire la soupe sur le côté de la cuillère.
Lorsque vous prenez du potage, n'inclinez jamais votre assiette pour en recueillir les dernières gouttes. De même, veillez à éviter autant que possible de faire tinter votre cuillère contre votre assiette.

Lois non applicables

Les lois non applicables constituent plus de 50 % de l'ensemble législatif, les lois partiellement applicables en constituent 40 % et les lois applicables 10 %, selon le 57e rapport du Contrôle d'application des lois du Sénat, en 2005.

Colle indésirable sur les doigts

Pour faire partir la colle très forte sur les doigts, limez délicatement la colle avec une lime d'émeri fine. Elle disparaîtra sans avoir à utiliser des produits dissolvants. Il suffit ensuite de bien se laver les mains et d'appliquer une bonne crème hydratante.

Jeux d'articulation

Répétez cinq fois sans faute :

Natacha n'attacha pas son chat
Pacha qui s'échappa, ce qui fâcha
Sacha.
Sachant sa chatte pas chaste,
Sacha s'attacha à chasser ce
chat Pacha

Répétez 10 fois très vite :

J'exagère, les asperges
m'exaspèrent.

Buveurs de vin

Contrairement à ce qu'on se serait attendu ; les Français ne sont pas les plus grands buveurs de vin au monde. Les grands gagnants sont les Luxembourgeois, qui en boivent 79,5 par an et par habitant. Un peu plus loin viennent les Portugais, qui en boivent 31,5 litre. Nous n'en consommerions "que" 28 litres. Les plus petits buveurs de vin sont les Égyptiens.

Les secrets des participants de "Secret Story"

Gabriel est la taupe et le complice de la voix.
Ophélie est une playmate du magazine Playboy.
Julien est escort boy.
Nicolas est un ancien obèse et a perdu plus de 45 kg.
Frédéric a été, selon ses dires, plusieurs fois en contact avec les extra-terrestres.
Nadège a des TOC.
Laly est à la fois strip-teaseuse, mannequin et officier de police.
Les triplées se font passer pour une seule et même personne, Marjorie.
Tatiana et Xavier sont mariés.
Erwan est une fille qui veut changer de sexe et devenir officiellement un homme.
Marilyne est adepte du naturisme.
Maxime est le fils d'Henri Leconte.

DEVINETTES

Quel est le comble de la **MÉCHANCETÉ** ?
Ne fermer qu'un œil à un mort.

Quel est comble de l'**AVARICE** ?
Offrir son corps à la science pour éviter les frais d'enterrement.

Enigme

Helen Keller était une jeune fille sourde, muette et aveugle. Combien lui restait-il de sens ?

Solution

Trois : le toucher, le goût et l'odorat. La parole n'est pas un sens.

Prendre un bain

Un bain chaud permet d'effacer les tensions après une rude journée. Pour qu'il soit relaxant, l'eau doit être aux alentours de 38°C (un peu moins si vous souffrez de jambes lourdes). Vous pouvez rajouter des huiles essentielles aux vertus apaisantes ou les préparer vous-même. Pour cela, délayez 5 ml d'huile essentielle de marjolaine et 15 ml de lavande dans 100 ml d'huile de germes de blé (attention, n'utilisez jamais une huile essentielle seule car, non diluée, elle risque d'entraîner des brûlures). À condition de ne pas avoir froid et de vous sentir bien, vous pouvez rester une vingtaine de minutes dans l'eau.

L'éclair

Un éclair peut
atteindre plus
de 3 km de long.
Cependant,
sa largeur n'excède
pas 3 à 4 cm,
allant jusqu'à 5 cm
pour les plus
gros orages.

Economiser la chaleur

Pour économiser et mieux diffuser la chaleur, glissez un morceau de carton recouvert d'aluminium derrière le radiateur. Ainsi, la chaleur se diffuse dans toute la pièce et il n'est pas indispensable de mettre le thermostat au maximum.

30 vétérinaires pour une opération

En 1999, en Thaïlande, un éléphant du nom de Motola a marché sur une mine et a perdu son pied gauche. Il fut opéré à l'hôpital Lampang par pas moins de 30 vétérinaires. C'est à ce jour l'opération qui a comporté le plus de médecins.

Texas : du Prozac dans le poisson

Si vous êtes déprimé, vous pouvez manger du poisson. Dans les rivières du Texas, on a retrouvé des traces d'antidépresseurs dans les poissons. À Waco, les chercheurs de l'université Baylor ont détecté chez trois espèces de poissons nageant en aval d'une usine d'épuration des eaux, les substances actives du Zoloft et du Prozac. La cause ? Probablement les comprimés jetés dans les toilettes ou tout simplement l'urine des personnes traitées.

Source : Courrier International, hors série, 2006

SUDOKU

Niveau moyen

6	5	4		9		2	7	
9			8		4			
7					2			
			3	4			5	
2	3	8					6	
	7	5		8			9	1
5	2	7			1		8	3
		1			9			6
3	6					4		

Solution p 671

L'expression "OK"

L'expression OK est apparue aux Etats-Unis pendant la guerre de Sécession, lorsque les troupes comptaient leurs morts. Les bons jours, le rapport indiquait 0 K pour "0 Killed". Le zéro pouvant se dire "O", il a été remplacé progressivement par la lettre O.

Un vieil homme sent approcher sa dernière heure, et désire s'occuper de son propre enterrement. Il va donc s'informer sur les modèles de cercueil.

—Bien sûr, Monsieur, fait l'employé des pompes funèbres. Je vais vous présenter les différents modèles que nous suivons.

Le vieux les examine attentivement, puis demande :

—Je ne vois pas tellement de différence entre le modèle à 1500 euros et celui à 700 euros...

—Ah ! vraiment ? dit l'employé pincé. Eh bien, entrez dans le modèle à 700 euros, et essayez d'écarter les coudes !...

Noir c’est noir...

Un con vivant est plus intelligent qu'un intellectuel mort.

Frédéric DARD

Je déteste les enterrements, peut-être encore plus que les mariages. Le seul avantage, c'est que tu n'es pas obligé de danser.

Pascal ELBE

Je suis désespéré lorsque je pense que tout ce que j'aime existera encore après ma mort, tandis que moi, si je n'avais pas existé, personne ne s'en serait aperçu.

Georges WOLINSKI

Mozart était tellement précoce qu'à trente-cinq ans il était déjà mort.

Pierre DESPROGES

Chaque homme est immortel. Il peut savoir qu'il va mourir mais il ne saura jamais qu'il est mort.

Samuel BUTLER

Certaines personnes sont encore en vie simplement parce qu'il y a une loi qui interdit de les tuer.

Edgar WATSON HOWE

Marx est mort.
Dieu est mort.
Et moi-même, je ne me sens pas très bien.

Woody ALLEN

Riez, mes enfants, riez ! Ça n'a rien de tragique ! Dans cent ans, chacun de nous n'y pensera plus.

Boris VIAN

À quoi bon prendre la vie au sérieux, puisque de toute façon nous n'en sortirons pas vivants ?

Alphonse ALLAIS

Moi, le seul voyage qui m'intéresse, c'est la mort. Parce qu'on ne rapporte pas de diapos.

Georges WOLINSKI

La femme vieillit plus vite que l'homme, mais elle met plus de temps à mourir.

Jacques CANUT

Assurance contre le viol en Inde

En payant 15 roupies (25 centimes d'euro) par an, les Indiennes peuvent dorénavant percevoir la somme de 25 000 roupies (450 euros) en cas de viol. Mais ce projet mis en place par le gouvernement n'a pas du tout plu aux associations féministes, qui pensent qu'on ne peut pas assurer l'agression sexuelle comme s'il s'agissait d'une catastrophe naturelle comme les incendies ou les inondations. Cette assurance fait en effet de chaque femme une cible potentielle.

Source : Courrier International, hors série, 2006

Quelques noms de lieux insolites

Angoisse (24)
Belle Verge 53)
Chaud cul (57)
Condom (32)
Corps-Nuds (35)
Couille (31, 40, 53)
Cucuron (83)
Dieu s'en souvienne (55)
Gland (02)
La Belle Inutile (72)
La Conne (24)
La Crotte (07)
Le Crotoy (80)
Le Sale Village (49)
Merde de Chat (70)
Merdeuse (08)
Montcuq (46)
Montfroc (26)
Néant-sur-Yvel (21)
Reculefort (38)
Seix (09)
Toutlemonde (49)
Trou du cul (58)
Truc de la Truque ((33)
Vatan (36).

Enigme

Je suis une femme. Si la fille de cette autre femme est la mère de ma fille, quelle est cette autre femme et quel est notre lien de parenté ?

Solution

C'est ma mère. La mère de ma fille, c'est moi, donc si je suis sa fille, c'est ma mère.

Spécial recyclage : la brosse à dents

Ne jetez pas vos vieilles brosses à dents. Elles peuvent toujours servir :

- à nettoyer les incrustations sur vos robinets
- à nettoyer les râpes à fromage
- à nettoyer les endroits difficiles d'accès : tuyauteries, joints...

Les statistiques sont formelles : LES FRANÇAIS SONT SALES. Une savonnette par Français et par an. Nous ne pouvons plus ignorer que nous sommes des porcs et nos femmes des truies. On ne nous dit pas combien de Suédois meurent chaque année pour avoir glissé sur la savonnette et s'être conséquemment éclaté la tête sur le rebord de la douche. Pourtant, c'est important. Je peux vous dire, moi, combien de Français connaissent ce sort horrible : aucun.
DONC, LE FRANÇAIS PUE, MAIS IL VIT.

François CAVANNA

UNE BAIGNOIRE, C'EST QUAND MÊME UTILE...
... POUR GARDER LES CANETTES DE BIÈRE FRAÎCHES !
Salim NOUVRIT

Une dame juive téléphone à son journal local et demande à parler au responsable de la section "Nécrologie" :

Le gars du journal lui répond :

— Que puis-je faire pour vous ?

— J'aimerais passer une annonce.

— Très bien Madame, je vous écoute, quel est le texte ?

— "David Cohen est mort".

— Et c'est tout ? "David Cohen est mort" ?

— Oui, c'est tout.

— Mais vous avez droit à 4 lignes pour votre annonce. C'est compris dans le prix.

— D'accord. Alors mettez : **"DAVID COHEN EST MORT... MERCEDES 300 SL À VENDRE."**

L'attitude du corps

Ce qu'il ne faut pas faire :

S'asseoir les genoux ouverts.
Etre debout les jambes écartées.
Traîner des pieds quand on marche.
Faire claquer ses talons quand on marche.

Ce qu'il faut faire :

S'asseoir les genoux rapprochés.
Se tenir debout les jambes près l'une de l'autre.
Marcher légèrement, le dos droit et la tête haute.

Pizzas pour adultes

Une pizzeria d'un genre nouveau s'est ouverte dans la ville de Winnipeg, au Canada : Porno Pizza. Son concept ? Livrer des pizzas accompagnées de photos pour adultes. La pizzeria marche très bien, même s'ils doivent refuser les clients mineurs.

Classement des divorces les plus chers

Selon le classement "divorces de célébrités les plus chers", établi par le magazine Forbes, Michael Jordan arrive en tête des célébrités ayant versé le plus d'argent à leur épouse pour divorcer. Jordan devrait verser à sa future ex-femme pas moins de 150 millions de dollars lorsque le divorce sera signé.
Dans ce classement, on retrouve Steven Spielberg (100 millions pour se séparer de son épouse), Harrison Ford (85 millions), Kevin Costner (80 millions), Paul McCartney 6e (60 millions), Mick Jagger 10e (15 à 25 millions de dollars).
Moins coûteux mais tout aussi médiatiques, Forbes dresse également la liste des divorces des jeunes stars trop vite mariées. Un palmarès dans lequel figure Britney Spears, Drew Barrymore, Macaulay Culkin ou encore Angelina Jolie.
Les hommes n'ont pas le monopole de la pension à payer. Pour exemple, Jennifer Lopez a dû payer 15 millions de dollars (11 millions d'euros) à son ex-mari Chris Judd. Plus expérimentée, Liz Taylor avait fait signer un contrat de mariage à Larry Fortensky, qui n'a, du coup, perçu qu'un petit million de dollars.

SUDOKU

Niveau difficile

5		6	4					
	2			5	1		4	
				9				3
8		4			2		9	
		5				2		
	3		7			4		8
2				6				
	4		1	8			5	
					4	8		6

Solution p 671

Le soleil

Ce mouvement issu du Tao muscle les bras, agit sur la respiration et calme le stress. Il s'effectue debout.

Laissez vos deux bras monter, parallèles. Quand ils arrivent au-dessus de votre tête, leurs trajectoires divergent : vos mains tracent un grand cercle jusqu'à ce qu'elles se rejoignent entre vos genoux, sur le devant

Quand vos bras, dans leur descente, passent à l'horizontale, commencez à vous accroupir, tout en conservant la verticalité de votre dos. Si vos chevilles ne sont pas souples, décollez vos talons du sol.

Une fois accroupi, poursuivez le mouvement en arrondissant votre dos.

Lorsque vos mains se rejoignent, glissez une paume sous l'autre (les deux étant tournées vers le haut), comme pour soulever quelque chose.

Gardez vos mains collées l'une contre l'autre en remontant vos bras, jusqu'à ce que vos bras passent à l'horizontale.

Lors du passage de vos bras à l'horizontale devant vous, séparez vos mains, tournez vos paumes vers le sol, puis reposez vos talons sur le sol.

Poursuivez le mouvement en boucle une dizaine de fois.

Empêcher le lait de déborder

Pour éviter d'avoir à gratter la cuisinière après avoir fait chauffer le lait, il suffit de disposer au fond de la casserole une soucoupe à café à l'envers. Le lait restera ainsi dans son contenant, même si vous l'oubliez sur le feu.

Animaux insolites

Le kangourou a été choisi comme emblème par l'Australie parce qu'il est un des seuls animaux physiquement incapables de reculer.
Le cochon est le seul animal qui peut attraper des coups de soleil.
Un poisson rouge a une mémoire de 3 secondes. Par ailleurs, si on le laissait dans le noir, il perdrait toutes ses couleurs et deviendrait entièrement blanc.
Les moustiques repèrent les humains grâce à leur odorat. En effet, la peau humaine peut émettre 340 odeurs susceptible de les attirer.
Le cœur de la crevette se trouve dans sa tête.
Les dauphins dorment avec un œil ouvert.
Le papillon goûte avec ses pattes. En effet, c'est au bout de celles-ci que se trouvent ses papilles gustatives.

LES DICTONS DÉTOURNÉS

Qui vole un bœuf…
Est vachement musclé !

Qui pisse contre le vent,
Se rince les dents !

Quand le merle chante en mai,
C'est qu'avril est fini !

On ne fait pas d'aveugles
Sans casser des yeux !

Pluie en novembre
Noël en décembre !

Noël au balcon,
Enrhumé comme un con !

Noël aux tisanes,
Pâques aux rabanes !

Caleçon qui gratte,
Morpions qui squattent !

Qui persévère,
N'ira pas à la pêche !

T'en pètes en mer,
T'en chies sur terre !

Au royaume des aveugles
Les borgnes sont mal vus !

Fellation du matin,
Repos du vagin !

Sodomie du soir,
Repos de la mâchoire !

Gourdin du matin,
Pipi sans les mains !

Le monde appartient à ceux
Dont les ouvriers se lèvent tôt !

Qui pisse loin,
Ménage ses chaussures !

En Mathilda May,
Fais ce qui te plaît !

Qui mange un chien...
Chie Ouah ! Ouah !

Jésus crie,
La caravane passe !

C'est la goutte d'eau
Qui met le feu aux poudres !

Il n'y va pas avec le dos de la main morte !

Des malfaiteurs ont utilisé le doigt d'un cadavre pour cambrioler une banque

En Italie, dans le quartier romain Portuense, des malfaiteurs ont utilisé un doigt sectionné à un cadavre afin de se faire ouvrir la porte blindée d'une banque. L'établissement est en effet équipée d'un système baptisé "Bio Digit" qui relève l'empreinte digitale de l'index de chaque personne qui appuie sur le bouton d'entrée pour se faire ouvrir le sas. Ils se sont ainsi fait remettre 10 000 euros sous la contrainte.
Selon la presse italienne, les deux voleurs ont cependant commis l'erreur d'"oublier" derrière eux le doigt, qui a été retrouvé par la police sur le trottoir devant la banque.

Jeux d'articulation

Répétez 10 fois très vite :

Trente-trois bras broient trente-trois branches.

Répétez 10 fois très vite :

Sur la glace l'ongle lisse glisse.

Répétez 10 fois très vite :

Le chameau mâche la béchamel, la chamelle ne mâche pas ses mots.

Le plus vieil arbre du monde

On peut trouver le plus vieil arbre au monde en Californie. C'est un pin **Methulesa** qui a fêté cette année ses 4 767 printemps.

Détendre ses trapèzes

En cas de stress, on a souvent la tête dans les épaules. La solution ? Massez nos trapèzes en saisissant celui de gauche avec la main droite, puis inversement. Malaxez-le à pleines mains dans un mouvement de va-et-vient, comme s'il s'agissait d'une pâte à pétrir. Ce massage peut s'effectuer assis ou debout et n'importe où.

L'insulte à la police non illégale aux Pays-Bas

En Hollande, il semblerait qu'il est possible de dire "Fuck you" aux flics. Un Néerlandais, jugé pour outrage à agents, a été relaxé par le juge. Ce dernier a estimé que le "Fuck you" lancé par l'accusé à des policiers, était considéré comme un terme "pas très amical", mais "pas insultant". Ce n'est pas la première fois qu'une personne insultant la police n'est pas inquiétée. Un autre juge, quelque temps auparavant, avait jugé qu'un geste de l'index adressé aux représentants de l'ordre n'était "pas illégal".

Bain salé

Le sel est excellent pour éliminer l'acide urique.
Plonger 1 kilo de gros sel dans l'eau du bain. Ne pas y rester plus de 10 minutes. Terminer en s'essuyant vivement, puis en allant directement se coucher.
Le sommeil sera plus profond et la sudation de la nuit sera très bonne pour finir de désintoxiquer l'organisme.

DEVINETTES

QUE DIT-ON À UN ARABE QUI PORTE UN COSTUME ?

Accusé, levez-vous !

QU'EST-CE QUI EST LE PLUS DIFFICILE DANS UN ACCOUCHEMENT CHEZ LES GITANS ?

C'est de faire sortir la guitare.

QUELLE EST LA DIFFÉRENCE ENTRE UNE PORTUGAISE ET UNE OTARIE ?

L'une est poilue, a de la moustache, le ventre graisseux et sent terriblement le poisson...
et l'autre est un mammifère marin.

Contre l'euro

Thomas Borer, l'ambassadeur de Suisse à Berlin, a affirmé : "L'euro, c'est comme faire l'amour avec un homme : il y a des problèmes à l'introduction et, quand on y est, c'est la fin de la stabilité." Le diplomate a été relevé de ses fonctions.

Tom Cruise et Katie Holmes refoulés à l'entrée d'une boîte de nuit

Saint-Tropez aura laissé quelques mauvais souvenirs à Tom Cruise et Katie Holmes. Alors qu'ils se rendaient à une soirée privée VIP aux Caves Du Roi, les videurs de la boîte de nuit ont refusé l'entrée au couple de stars. Abasourdis, les gardes du corps de Tom Cruise ont tenté en vain de raisonner les videurs. La raison était tout simplement la sûreté du club : la partie VIP du club étant déjà pleine à craquer, il aurait été dangereux d'autoriser plus de monde à entrer, peu importe de qui il s'agissait.

Perles de la police

retrouvées dans les procès-verbaux

Arrêté par les gendarmes, le voleur les a menacés d'appeler la police.
L'homme accepta de nous suivre contre son gré.
Interrogé par nos soins, l'homme a alors menacé de nous répondre si on l'interrogeait.
Seule l'autopsie pourra nous dire si l'homme est toujours vivant.
Assis dans sa voiture, l'homme faisait mine d'attendre l'autobus.
Le suspect nous a alors menacés en fronçant les sourcils.
Maîtrisé par nos soins, l'homme s'est enfui à toutes jambes.
Son alibi ayant pu être vérifié, nous avons été obligés de constater que le suspect ne pouvait être présent à l'heure dite sur les lieux du vol qu'il avait commis.
L'homme répondit verbalement qu'il ne répondrait que par écrit.
Dès que l'homme fut abattu, nous avons pu procéder à son interrogatoire.
L'homme rentrait tranquillement chez lui sans s'apercevoir qu'il était mort.
Le cadavre de l'homme qui nous a été présenté correspondait bien à la description de la femme qui avait été vue par différents témoins.
Dans ce conflit, le rôle des forces de l'ordre a été prédominant.

Contrepèteries salaces

L'Aveyron
a usé
mes fils.

Sagesse est
source de foi.

Solution

L'aviron a usé mes fesses.
Sa fesse est source de joie.

Moulin

L'expression "moulin" pour désigner le moteur d'une voiture vient de chez Peugeot. En effet, avant de fabriquer des voitures, l'entreprise a commencé par fabriquer des moulins à café.

Le saviez-vous ?

Les ingrédiants du Gloubi-boulga

La recette préférée de Casimir

Bananes

Chocolat râpé

Moutarde de Dijon

Mûres écrasées

Crème Chantilly

Confiture de fraises

Une saucisse crue mais tiède.

Soulager une brûlure

Si vous vous êtes brûlé et que vous n'avez pas de crème adéquate sous la main, rien de tel qu'une couche épaisse de dentifrice à la menthe sur la brûlure. Évitez à tout prix le gras qui ne fera que "cuire" la brûlure et l'aggraver davantage.
Un autre truc, a priori improbable mais très efficace lorsqu'on se brûle les doigts, consiste à placer la brûlure une trentaine de secondes sur le lobe de son oreille. Étonnant, non ?

Test

Quel est votre rapport à l'argent ?

En ce moment, vous ne seriez pas contre un petit coup de pouce au niveau :

● Familial.
■ Affectif.
◆ Professionnel.

Savez-vous combien vous avez sur votre compte en banque ?

● Oui à 20 euros près.
◆ A 100 euros près environ.
■ Vous préférez ne pas savoir.

Où rangez-vous votre monnaie :

■ Vous la jetez dans votre sac.
● Vous la jetez au fond de vos poches.
◆ Vous la compartimentez dans un porte-monnaie.

Qu'enfermez-vous à clé ?

● Votre journal intime.
■ Vos lettres d'amour.
◆ Vos photos de famille.

Vous payez le plus souvent :

◆ En espèces.
■ Par chèque.
● Par carte bancaire.

Les désirs les plus intenses sont ceux que vous éprouvez :

● Dans un magasin de vêtements.
◆ Au lit.
■ Au restaurant.

Un besoin d'argent ? Que vendriez-vous en premier ?

■ Vos meubles.
● Votre véhicule.
◆ Votre corps.

Un collègue obtient une bonne promotion, vous vous dites :

◆ Ça, c'est une promotion canapé, ou je ne m'y connais pas.
■ C'est bien pour lui.
● Je la méritais davantage.

Une personne rencontrée récemment vous annonce que vous êtes l'homme/la femme de sa vie :

■ Ce n'est qu'un dragueur/une nympho.
● Vous rentrez dans son jeu, par curiosité.
◆ Maintenant qu'il (elle) vous le dit, il se pourrait que ce soit la bonne personne.

Vous gagnez au Loto. Que faites-vous de votre argent ?

● Vous l'investissez.
◆ Vous le mettez de côté pour vos enfants.
■ Vous le claquez sans compter.

La réussite, c'est une question :

■ De chance.
● De caractère.
◆ De carnet d'adresses.

Résultats

Majorité de ■
Une cigale sur un petit nuage, voilà ce que vous êtes. Romantique, vous préférez ne pas parler d'argent et ne souhaitez pas qu'il soit un obstacle à vos passions, car, comme dit le dicton : "En amour, on ne compte pas !" Et pour vous, la vie doit ressembler à cela : tout pourvu qu'elle ne soit pas terne. Et tant pis si vous devez la paver de roses hors de prix, elle doit ressembler à un rêve. Cependant, en amour comme dans les rêves, l'atterrissage peut être brutal. Veillez donc à bien entretenir le nuage sur lequel vous planez, de peur d'avoir une vie encore plus nulle que celle que vous redoutez.

Majorité de ●
On peut dire que vous, vous ne jetez pas votre argent par les fenêtres. Serait-ce la crainte des mauvais jours ou celle de manquer qui vous pousse à engranger de l'argent comme s'il s'agissait d'une collection ? Cette accumulation a en tout cas pour avantage de vous rassurer et de conjurer votre sentiment d'insécurité. Vos budgets ont le mérite d'être serrés et vos factures d'être payées rubis sur l'ongle. Vous ne causez pas non plus de risque d'infarctus à votre banquier. Cependant, ne seriez-vous pas en train de passer à côté de la passion de la vie que procurent parfois ces petits coups de folie ?

Majorité de ◆
À en croire vos réponses, il semblerait que vous ayez découvert l'argent en jouant au Monopoly et que vous avez continué d'entretenir des rapports ludiques avec l'argent. Assez riche un moment, au régime patates le mois suivant, la vie est pour vous avant tout source d'émotion et l'argent doit pouvoir les procurer, s'il le faut. Il sera toujours temps de se refaire, et en attendant... champagne ! Il est en effet bon d'être un peu joueur, dans la vie, mais faites attention à ne pas être fiché(e) dans tous les casinos du coin.

Les céréales bonnes pour le cœur

Selon une récente étude menée auprès de 10 000 hommes américains par des scientifiques de la Harvard Medical School, il serait prouvé que les céréales complètes seraient excellentes pour le système cardiaque. Le risque d'infarctus serait réduit de 28 % pour les hommes qui avalent chaque matin un bol contenant au minimum un quart de son ou d'avoine non raffinés.

SPÉCIAL ENFANTS :
FARCES ET ATTRAPES

LA GOMME QUI ÉCRIT

Fais un petit trou à l'aide d'un compas dans la gomme d'un de tes camarade pendant qu'il n'est pas là, et glisse-y la mine d'un crayon à papier : la gomme écrira eu lieu d'effacer !

Touvez l'intrus

Étiquette

Carte de vœux

Enveloppe

Timbre

Solution

La carte de souhait est la seule qui ne colle pas automatiquement.

Un repassage plus efficace

Humidifiez au préalable vos vêtements avec un vaporisateur.
Lissez les vêtements du plat de la main.
Repassez dans le sens du fil, c'est-à-dire dans le sens de la longueur.
Glissez une feuille de papier aluminium entre la table de repassage et la housse. Celui-ci réverbère la chaleur et vous fait donc gagner du temps et de l'électricité.
Enfin, si vous ne pouvez pas repasser vos vêtements immédiatement, placez-les dans le congélateur. C'est plus facile par la suite pour les repasser efficacement.

FAITES UN GESTE POUR LA NATURE....
... RECYCLEZ LE PAPIER WC USAGÉ !
PAPIER

D'où vient le mot "calembour" ?

Le nom de ces jeux de mots amusants que sont les calembours est apparu au XVIIe siècle, avec l'arrivée à la cour de Versailles du comte de Kahlemburg, ambassadeur allemand. Parlant mal français, il tombait régulièrement dans les pièges de la langue de Molière, remplaçant un mot par un autre d'une sonorité proche. La Cour était si amusée de ses fautes que les jeux de mots devinrent bientôt des kalembourgs, puis des calembours.

Souvenirs d'enfance

Le père de Garou était mécanicien. C'est pourquoi l'odeur de l'essence est aujourd'hui son odeur préférée : elle lui rappelle son enfance.

Ultra-sensible, pleurant pour un oui pour un non, Flavie Flament était surnommée par sa mère " L'éponge ", lorsqu'elle était plus jeune.

De l'âge de 9 ans, et ce jusqu'à 15 ans, le chanteur Dany Brillant n'était pas le crooner qu'il est à présent ! Il portait un appareil dentaire et des lunettes double foyer. Pour attirer les filles, il a alors décidé d'apprendre la guitare.

Dresser la table

Les assiettes doivent être placées à la même distance les unes des autres (comptez au moins 50 cm entre chaque assiette), à 1 cm du bord de la table.
Les verres sont disposés devant l'assiette. Comptez au moins deux verres par personne. Le verre à eau est à gauche, le verre à vin à droite. Placez les autres verres par ordre de taille.
Disposez les couteaux à droite (lame vers l'assiette) et les fourchettes à gauche (dents vers le bas).
Les couverts se placent parallèlement à l'assiette, en fonction de l'arrivée des plats : là l'extérieur, les couverts pour l'entrée, les plus proches de l'assiette pour le plat de résistance.
Les couverts à dessert et à fromage sont mis entre les verres et l'assiette : le couteau à fromage le plus prés de l'assiette (manche vers la droite), la cuillère entre couteau et le verre (côté bombé vers le bas et manche vers la droite).
Les couverts à fromage et à dessert peuvent aussi être amenés après, au moment de leur emploi.

Positivez

Ne vous attardez pas sur les petits incidents de la vie. RE-LA-TI-VI-SEZ ! Dites-vous que ça n'est pas si grave et passez vite à autre chose...

WC-stretching : étirement des bras

Assis sur le siège des toilettes, pilez le bras gauche, l'avant-bras gauche derrière la tête. Saisissez avec votre main droite votre coude gauche et tirez le latéralement jusqu'à sentir un étirement soit au niveau de l'épaule, soit au niveau de votre triceps. Gardez la position 30 secondes et faites ensuite le même exercice de l'autre côté. Cet exercice est excellent pour les personnes travaillant en position assise, et peut être fait **à n'importe quel moment de la journée.**

Deux copines se racontent leur week-end.
— Samedi soir, dit l'une, je suis allée en boîte et je me suis fait draguer par un garçon superbe. Grand, brun, dans les vingt-cinq, trente ans. Il m'a ramenée chez lui dans la décapotable, nous nous sommes retrouvés dans sa chambre, et au moment où je me glissais dans les draps, il m'a demandé mon âge. Quand je lui ai dit que j'avais treize ans, il a bondi du lit et il m'a flanquée à la porte !
— Que veux-tu, fait l'autre, tu es encore tombée sur un superstitieux !

Satisfaits sexuellement ?

Nigeria	67 %
Mexique	63 %
Inde	61 %
Pologne	54 %
Grèce	51 %
Afrique du Sud - Pays-Bas	50 %
Espagne	49 %
Etats-Unis - Canada	48 %
Autriche - Nouvelle-Zélande	43 %
Australie - Chine - Brésil	42 %
Suisse - Russie	42 %
Royaume-Uni	40 %
Malaisie - Allemagne	38 %
Italie	36 %
Singapour - Thaïlande	35 %
Hongkong	29 %
France	25 %
Japon	15 %

(étude réalisée auprès de 26 000 hommes et femmes de 26 pays)

Nombre de rapports sexuels par an selon les pays

Grèce	164
Brésil	145
Pologne - Russie	143
Inde	130
Suisse - Mexique	123
Nouvelle-Zélande - Chine	122
Italie	121
France	120
Afrique du Sud	120
Espagne	118
Allemagne	117
Autriche - Malaisie	115
Thaïlande	108
Australie	106
Canada	100
Pays-Bas	94
Royaume-Uni	92
Singapour - Etats-Unis	85
Nigeria	84
Hongkong	82
Japon	48

(étude réalisée auprès de 26 000 hommes et femmes de 26 pays)

Ampoule récalcitrante

Pour retirer facilement une ampoule coincée dans sa douille, il suffit de prendre une ceinture en cuir et la serrer délicatement autour de l'ampoule. Dévisser du bout des doigts en tenant la ceinture.

CD pour célibataires

En Allemagne, on peut trouver un CD spécialement conçu pour les célibataires. Le concept ? Sur quinze séquences, soit soixante-deux minutes, on peut entendre les bruits quotidiens des activités familiales. Son auteur, Bernd Klosterfelde, un divorcé de 56 ans, l'a créé pour ceux à qui il manque quelqu'un pour partager leur vie. Quelques titres : "Il n'y a rien à la télé", "Enfin, le frigo est plein", ou encore "C'est l'heure de faire la vaisselle".

Jeu

mots croisés

Horizontalement

1. Bons tuyaux.
2. Pas comme tout le monde.
3. Pour montrer - Personnel - Le 4e pour l'amour à la folie.
4. Trompé - Elle roule, mais sans faire de mousse.
5. Susceptible d'attirer l'attention.
6. Sortir dans le désordre - Ça suffit à la fin !
7. Terrain de golf - Couleur désert.
8. En arrière et dans le mauvais sens - Gourou extra-terrestre.
9. Plat japonais - Institut de formation universitaire.
10. Se mirent en avant.

Verticalement

1. Très solide - Sportif au début.
2. Donne une direction - La fin du bonheur.
3. Divise en 2 - Met en service.
4. Police des polices - A l'envers : odeur de piscine.
5. Se défend - Blé indien.
6. A l'intérieur - Iranien.
7. Célèbre à Bayeux.
8. Refroidies - La fin du bonheur.
9. Tient beaucoup.
10. Remède contre les bleus.
11. Musique pour Elise.
12. Saison chaude - Personnage de choix.

	1	2	3	4	5	6	7	8	9	10	11	12
1												
2										■	■	
3			■			■						
4	■			■	■							■
5												
6	■							■				■
7								■				
8	■	■						■				
9						■				■	■	
10												■

Solution p 676

La famille...

J'avais des bonnes relations avec mes parents. Ils me battaient très rarement. Je crois qu'ils m'ont battu une seule fois, en fait, de toute mon enfance. Du 23 décembre 1942 jusqu'à la fin du printemps 1944.

Woody ALLEN

Il m'arrive de me lever le matin en maudissant mes parents de s'être rencontrés.

Bill FITCH

Mon grand-père buvait un litre de whisky par jour et il est mort à 103 ans. À l'incinération, on a cru que le feu ne s'arrêterait jamais.

Sloppy WHITE

Si je suis une bonne cuisinière ? Quand mes enfants étaient jeunes, je leur disais : "Arrêtez tout de suite vos bêtises, sinon vous allez manger avant d'aller au lit !"

Erma BOMBECK

— Ma mère ne m'a pas nourri au sein.
— Pourquoi ?
— Elle m'a dit : "Je préfère qu'on reste amis."

Rodney DANGERFIELD

Je dormais dans le même lit que mes cinq frères quand j'étais gamin. On a mis trois ans avant de savoir lequel de nous pissait au lit.

Bob HOPE

J'ai fait un cauchemar hier soir : j'étais un bébé, Jennifer Lopez était ma mère, et elle me nourrissait au biberon.

Robin WILLIAMS

Quand je suis née, ma mère m'a regardée, elle a regardé le placenta et elle a crié : " Des jumeaux ! "

Joan RIVERS

... et je me souviendrai toute ma vie des derniers mots de ma grand-mère : " Un camion ! "

Emo PHILIPS

Comme tous ceux qui ont eu la mauvaise idée de rentrer tard le soir dans une chambre d'enfants, je voue une haine farouche aux Lego.

Tony KORNHEISER

Un enfant a beaucoup à apprendre d'un chien : l'obéissance, la loyauté, et la nécessité de faire trois tours avant de se coucher.

Robert BENCHLEY

Contacts indirects

Rien qu'en respirant, on inhalerait en moyenne par jour 105 m^3 de pets d'autres personnes.

En moyenne, à cause des gens qui ne se lavent pas les mains, votre main entre en contact indirect avec quinze pénis.

En nageant dans une piscine publique pendant une heure, votre peau entre en contact avec à peu près 1,4 litre d'urine.

Apaiser les brûlures d'estomac

Pour apaiser les brûlures d'estomac, on peut absorber un doigt d'eau froide et 1 cuillère à café de fécule de maïs (maïzena).

Un type se confie à un copain :
— Franchement, je n'ai pas de chance ! il y a quelques mois, j'ai voulu embrasser une auto-stoppeuse que j'avais fait monter dans ma voiture... Malheureusement, elle a porté plainte et le juge vient de m'infliger une amende de **200 EUROS** pour attentat à la pudeur ! Ensuite, quand il a vu la fille, il m'a suspendu mon permis de conduire et m'a donné une amende de **300 EUROS** pour conduite en état d'ivresse !

Pluies de grêlons

Le 14 avril 1986,
au Bengladesh,
des pluies de
grêlons
pesant jusqu'à 1 kg
ont tué
92 personnes.

Johnny Hallyday n'aime pas Beigbeder

Le premier sentiment de Johnny envers le nouveau petit ami de sa fille Laura, à savoir Frédéric Beigbeder, a été des plus mitigés. Il aurait même affirmé : "Je ne vois pas ce que ma fille lui trouve." Espérons qu'ils auront depuis réussi à briser la glace.

Contrepèteries salaces

Sais-tu ce que ta plante me fait ?

Elle habite à Madère.

Solution

Sais-tu ce que ta fente me plaît ?
Elle adhère à ma bite.

Bonnes manières et savoir-vivre

Comment s'adresser aux hôtes de marque ?

À une reine : *Madame*.

À un roi : *Sire*.

À un prince de sang royal : *Monseigneur*.

À une princesse : *Madame*, même si la princesse n'est pas mariée.

À un président, un ministre, un sénateur, un député : *Monsieur le Président, Monsieur le Ministre, Monsieur le Sénateur, Monsieur le Député* (et pas député, sénateur etc.).

À un ambassadeur : *Monsieur l'Ambassadeur* ou *Madame l'Ambassadeur*.

A un cardinal : *Monsieur le Cardinal* ou *Éminence*.

À un évêque : *Monseigneur*.

À un général, un colonel... : un homme : *mon général, mon colonel*, une femme : *général* ou *colonel*.

À un(e) baron, comte(sse) marquis(e) : *Monsieur* ou *Madame*.

Seule exception : Les ducs et duchesses, qui sont appelés *Monsieur le Duc* ou *Madame la Duchesse* (formule issue de l'étiquette de la cour de France, sous l'Ancien régime).

L'expression "Revenons à nos moutons"

L'expression viendrait d'une farce qui a connu beaucoup de succès au Moyen Age. Elle raconte l'histoire d'un drapier volé à la fois par son berger, de vingt-six moutons, et par un marchand, de six aunes de drap. Il se retrouve devant le juge, pour porter plainte contre le berger. Mais dans ses explications, il confond sans cesse le vol de moutons et celui de drap. À chaque fois qu'il évoque ce dernier vol, le juge lui réplique : "Et si nous revenions à nos moutons ?" L'expression est restée et s'emploie quand quelqu'un s'écarte de son sujet.

Donner un médicament à un animal domestique

Pour donner facilement un cachet à un chat ou à un chien, roulez-le dans un morceau de jambon cru ou de fromage tels le camembert ou le brie.
Lui montrer immédiatement un deuxième morceau, afin que, pressé de le manger, l'animal avale vite et sans réfléchir celui qui contient le cachet.

Un regard frais

Vous avez mal aux yeux ? Ce geste permet de retrouver un regard frais et dispo en un clin d'œil. Placez vos mains en coquille (la paume ne doit surtout pas toucher les yeux) devant chaque œil. L'obscurité et la chaleur décontractent les globes oculaires ainsi que l'ensemble du visage. Exercez ensuite de légères pressions sur les paupiè-res pour évacuer le sang.

Code Barre

Le premier article à avoir reçu un code barre sont les chewing-gums américains de marque Wringley.

C'est l'histoire d'une cigale qui, l'été venu, propose à la fourmi, sa voisine, de partir en vacances à **SAINT-TROPEZ** avec elle. La fourmi lui répond qu'elle doit rester préparer des provisions pour l'hiver et qu'elle ferait bien d'en faire autant.

À son retour de vacances, la cigale rend visite à la fourmi et lui raconte ses vacances : soirées sur des yachts avec la jet set, boîtes de nuit en compagnie de Johnny Hallyday, baignades, mecs, soleil. L'hiver arrive, passe, puis le printemps, et revoici l'été. La cigale vient de nouveau proposer à sa voisine de l'accompagner à Saint Tropez, mais la fourmi doit refuser pour préparer des provisions pour l'hiver, mais avant que la cigale ne parte, elle lui lance :

— Et si tu croises monsieur **LA FONTAINE**, dis-lui qu'il commence à me faire chier avec ses histoires à la con !

Premier HLM écologique à Paris

Fin 2008, quatre-vingt-dix logements (0,1 % de ceux gérés par l'Office Public d'Aménagement et de Construction de Paris, l'OPAC) seront les premiers à être construits avec un double objectif : ne pas polluer et économiser les dépenses des locataires en eau et électricité.

Jeu

SUDOKU

Niveau facile

		8			9		6	
9		1	3	2			7	
	2		5	6		3		8
				3	2	8		
6	8			4			1	3
2		3	1			9	4	
3	5				4			
7			8			5	3	1
		9				6	2	

Solution p 671

Noms des sept nains

Atchoum,

Dormeur,

Grincheux,

Joyeux,

Prof,

Simplet,

Timide.

Un crayon incassable

Pour éviter qu'un crayon, par exemple un crayon maquillage pour les yeux, ne se casse chaque fois qu'on le taille, le placer au <u>congélateur un quart d'heure</u> avant de le tailler.

Quelques règles pour réussir son couple

L'amour, c'est savoir aimer même quand le couple ne va pas bien.
Il faut accepter que l'autre garde une dose de mystère et de secret.
Aimer c'est donner à l'autre de la liberté, et non essayer de posséder l'autre
Un couple peut réussir que s'il n'est pas absorbé dans un cercle vicieux : rancœurs, vengeance, etc.
Etre amants ne suffit pas, l'homme et la femme doivent être aussi amis, instaurer une certaine complicité.
Une sexualité épanouie est l'un des éléments majeurs d'un couple harmonieux.
Ne demandez pas à l'autre de changer.
Commencez par changer.
L'homme doit correspondre à l'image que la femme se fait de ce qu'est un homme.
De même, la femme doit correspondre à l'image que l'homme se fait de ce qu'est une femme.
Sachez d'abord être seul avant d'être en couple.

VOTRE FEMME est devant la porte d'entrée en train de vous aboyer dessus. Votre chien est à la porte de derrière en train d'aboyer pour rentrer.

Lequel des deux devez-vous faire rentrer ?

LE CHIEN : il arrêtera d'aboyer quand il sera à l'intérieur.

Musculation des épaules

Assis, posez la poitrine sur les cuisses, deux petits haltères ou deux objets du même poids dans les mains. Tendez les bras le long des jambes en expirant.
Tout en inspirant, levez les haltères en écartant complètement les bras, les paumes orientées vers le sol. Pour durcir l'exercice, vous pouvez plier légèrement les bras afin de solliciter les biceps en plus des épaules.
Revenez lentement à la position de départ en descendant les mains vers le sol.

Enigme

Si 3 secrétaires
tapent 3 lettres
en 3 minutes,
combien faudrait-il de
secrétaires
pour taper
100 lettres
en 100 minutes ?

Solution

Les mêmes trois secrétaires. Si elles peuvent taper trois lettres en trois minutes, elles en taperont cent en cent minutes.

Deux comédiens se rencontrent :
- Alors, qu'est-ce que tu deviens ?
- Eh! bien, je tourne avec Lelouch...
- Quoi ! CLAUDE LELOUCH !
- Non, Daniel Lelouch, son cousin.
Même manière de filmer, même talent...
Je côtoie aussi Depardieu...
- Quoi ! GÉRARD DEPARDIEU !
- Non ! Julien Depardieu, son cousin.
Même manière de jouer, même talent...
La musique du film est composée par Lenorman...
- Quoi ! pas GÉRARD, j'espère.
- Ben si.

Le bricolage coûte cher

784 euros, c'est le prix par an et par habitant consacré au bricolage en France en 2006. Ce qui équivaut à 20 milliards d'euros dépensés dans les grandes surfaces ou les magasins spécialisés. L'Allemagne, championne du bricolage, nous bat : un Allemand dépense environ 955 euros dans ce domaine par an.

“Citations”

Perles de mots d’excuse

- Dés qu'il rentrent de l'école, mes enfants vomissent toute votre cantine.
- A la cantine, les surveillants l'ont obligé à sucer tous les morceaux de la poule.
- Monsieur veuillez excuser l'absence de mon fils, je l'ai utilisé pour mes besoins.
- Si vous ne croyez pas les mots d'excuses que je fais pour mon fils, vous n'avez qu'à demander à son père puisque c'est lui qui les fait !
- Madame mon fils n'est pas venu à l'école parce que ces chaussons était troués.
- Mon fils n'aime pas sa maîtresse et mon mari non plus.
- Ma fille n'arrête pas d'être embêtée par des garçons plus grands pendant les récréations qui lui soulèvent ses jupes pour la regarder ou même mettre leurs doigts.
- Ce n'est pas moi le professeur, c'est vous ! Alors ne reprochez pas à mon fils de ne rien foutre à la maison! Chacun son boulot !
- Demain mon fils sera absent car je pense qu'il sera malade vu que c'est l'examen...
- Vous employez toujours des grands mots ronflants, éducation physique par exemple, alors que c'est jamais que de la gym...
- Mon fils est intelligent comme sa mère et moi, c'est de famille chez nous...
- Excusez mon fils, il a des excuses.
- Ma fille ne sait toujours pas compter et on ne peut pas compter sur vous...
- Ma fille à passé l'oral par écrit...

- La première fois que l'instituteur a châtré mon fils pour une bêtise, je n'ai pas réagi. Mais quand il s'est mis à le châtrer tous les jours pour des rien du tout, juste parce que sa tête lui revient pas, j'ai décidé de prendre la mort aux dents.
- Ayant des difficultés à retenir, je suis entièrement d'accord pour que Delphine travaille aux heures de classe.
- Excusez mon fils qui a dû venir avec moi à mon enterrement...
- Je refuse de vous payer l'assurance scolaire pour les petits car moi j'élève mes enfants à la dure et si ils leurs arrivent quelque chose c'est comme ça qu'ils apprendront que la vie c'est pas une partie de plaisir.
- 2 et 2 ça fait 4 et toutes vos réformes de l'enseignement n'y changeront rien!
- Les calculettes c'est des inventions de feignants qui ne savent même plus compter leurs tables de multiplication sur les doigts...
- Si vous continuez à harcelez mon fils, j'irai expliquer au ministre de la culture qui vous êtes vraiment !
- Ne touchez plus ma fille, il y a déjà son père pour ça.
- Non mais regardez-vous, vous vous dites professeur et vous ne savez même pas prendre ma fille dans le bon sens !...
- N'hésitez pas à taper sur mon fils s'il est trop discipliné.
- Mon fils se plaint qu'il n'a pas le droit d'aller faire ses besoins pendant les cours. N'allez pas vous plaindre après ça s'il vous inonde sa culotte !
- Je vous autorise à éduquer mon fils comme moi et à lui apprendre surtout les taloches et les coups de pied au cul !
- Votre exercice était tellement évident que personne n'a jamais rien compris.

Serge Gainsbourg et France Gall

Gainsbourg a écrit quinze chansons pour France Gall, dont les fameuses "Sucettes à l'anis", dont la chanteuse a juré ne pas avoir compris à l'époque le sens caché. Malgré leur travail commun, les deux artistes ne se sont rencontrés dans leur vie que 10 fois.

Tête en bas

En 1961, un tableau de Matisse a été accroché à l'envers par erreur, au musée d'Art moderne de New York. Il a fallu un mois et demi avant que quelqu'un s'en aperçoive.

Spécial recyclage : les œufs

- Si vous avez de la vaisselle de porcelaine ou de la verrerie tachées de café ou d'autres aliments, nettoyez-les en les faisant tremper dans un bain de vinaigre et de coquilles d'œufs.
- Pour faire une colle tout-usage, jetez des coquilles dans le mélangeur avec un blanc d'œuf et mélangez jusqu'à ce que vous obteniez une pâte onctueuse. Utilisez cette colle pour le papier ou pour de petites réparations. Elle se conserve quelques jours dans un contenant fermé.
- Les coquilles d'œufs sont riches des mêmes minéraux que les engrais pour le jardin. Ajoutez des coquilles d'œufs au compost ou faites-les sécher au four, écrasez-les avec un rouleau à pâtisserie et répandez la poudre autour de vos plantes d'intérieur. Ou encore, ajoutez cette poudre à la nourriture de votre chien ou de votre chat comme supplément de calcium.

Une institutrice initie sa classe de CM1 aux subtilités de l'apologue, " court récit illustrant une morale ou moralité ". Et quel meilleur exemple que les fables de La Fontaine, avec leurs célèbres moralités devenues proverbiales : " Aide-toi, le ciel t'aidera ", " Plutôt souffrir que mourir ", " La raison du plus fort..., etc. " ?
Elle invite donc ses élèves à imaginer, eux aussi, un récit conduisant à une morale... C'est au tour du petit Adrien, qui est tout nourri de séries télévisées, et grand admirateur de Zorro :
— Alors, c'est Zorro qui vole au secours d'un village tout entier qui est persécuté par les hommes du gros sergent Garcia. Il libère les villageois et rentre chez lui sur son fidèle Tornado, quand il est arrêté par un type qui lui dit qu'on lui a volé son bétail. Alors, Zorro, qui était bien fatigué de sa journée, descend de son cheval et il lui colle un gnon sur le pif, et il continue tranquillement...
— Voilà un revirement bien peu moral, objecte la maîtresse.
— ...Alors Zorro arrive chez lui, enlève son costume et redevient Don Diego. Il s'affale dans son canapé et commande à Bernardo, son serviteur, une tequila. Mais le sourd-muet ne comprend rien à ses gestes ; alors Zorro-Diego lui flanque une baffe à lui dévisser la tête...
— Écoute, Adrien ! dit l'institutrice, tout cela est bien violent, et je ne vois pas venir la moralité de ton récit...
— Ça y est, m'dame ! La moralité, c'est qu'il faut pas casser les couilles à Zorro !

Le saviez-vous ?

Sondage 2007 des célébrités françaises préférées

1. Zinédine Zidane
2. Yannick Noah
3. Nicolas Hulot
4. Mimie Mathy
5. Michel Sardou
6. Sœur Emmanuelle
7. Charles Aznavour
8. Jamel Debbouze
9. Renaud
10. Franck Dubosc
11. Jean Reno
12. Florent Pagny
13. Jean Dujardin
14. Thierry Henry
15. Michel drucker
16. Jean-Pierre Pernaut
17. Johnny Hallyday
18. Sophie Marceau
19. Michel Serrault
20. David Douillet
21. Patrick Bruel
22. Corneille
23. Gérard Jugnot
24. Patrick Poivre d'Arvor
25. Nicolas Sarkozy
26. Muriel Robin
27. Richard Bohringer
28. Jean-Paul Belmondo
29. Thierry Lhermitte
30. Francis Cabrel
31. Henri Salvador
32. Jean-Marie Bigard
33. Daniel Auteuil
34. Bernard Kouchner
35. Claire Chazal
36. Alain Chabat
37. Patrick Sébastien
38. Laure Manaudou
39. Laurent Gerra
40. Simone Veil
41. Alain Souchon
42. Gérard Depardieu
43. Tony Parker
44. Ségolène Royal
45. Christophe Willem
46. Jean-Luc Delarue
47. Mathilde Seigner
48. Patricia Kaas
49. Rachida Dati
50. Guy Roux

Personnalités préférées des hommes

1. Zinédine Zidane
2. Yannick Noah
3. Nicolas Hulot
4. Thierry Henry
5. Jean Reno

Personnalités préférées des femmes

1. Mimie Mathy
2. Yannick Noah
3. Nicolas Hulot
4. Sœur Emmanuelle
5. Michel Sardou

Personnalités préférées des 15-24 ans

1. Zinédine Zidane
2. Jamel Debbouze
3. Jean Dujardin
4. Franck Dubosc
5. Yannick Noah

Personnalités préférées des plus de 65 ans

1. Charles Aznavour
2. Sœur Emmanuelle
3. Michel Sardou
4. Michel Drucker
5. Mimie Mathy

Personnalités préférées de la gauche

1. Yannick Noah
2. Zinédine Zidane
3. Nicolas hulot
4. Jamel Debbouze
5. Mimie Mathy

Personnalités préférées de la droite

1. Zinédine Zidane
2. Nicolas Sarkozy
3. Nicolas Hulot
4. Yannick Noah
5. Michel Sardou

Sondage Ifop pour le JDD, réalisé en juillet 2007

Jeu

Jeux d'articulation

Répétez 10 fois très vite :

J'ai chu, ça s'est su ?

Répétez dix fois très vite :

ayé j'ai mordu ma langue...

Une grenade dans les pommes de terre

En février 2007, Olga Mauriello, une vieille dame habitant près de Naples a eu la peur de sa vie en voulant laver les pommes de terre qu'elle venait d'acheter au marché. Parmi elles se trouvait une grenade, datant de la Seconde guerre mondiale qui ressemblait à celles utilisées par les Américains. Sa frayeur était d'autant plus justifiée que la grenade était toujours active. Des artificiers ont fait exploser la grenade dans la petite ville de San Giorgio à Cremano.

A table

Ce qui est impoli, à table

Se servir avant d'y être invité par la maîtresse de maison ;
Se servir avant tout le monde ;
Se servir une grosse portion ;
Commencer à manger avant que la maîtresse de maison ne l'ait fait ;
Dire qu'on n'aime pas ce qui nous est proposé ;
Passer son bras devant quelqu'un pour atteindre quelque chose (l'eau, un plat, le pain....) ;
Manger la bouche ouverte ;
Manger avec les coudes écartés, au risque de gêner ses voisins ;
Faire des gestes avec ses couverts tout en discutant ;
Lécher son couteau ;
Saucer son assiette ;
Vider son verre d'un trait ;
Se resservir sans que l'on vous l'ait proposé.

Ce qui est poli, à table

Lorsque l'on se sert d'un plat, le disposer à la gauche de votre assiette ;

S'essuyer la bouche avant et après avoir bu une gorgée ;

Ne pas couper avec son couteau lorsque l'on mange des œufs, du poisson, de la salade (n'utiliser le couteau que pour plier les feuilles), des pâtes ou des pâtisseries. Si la viande est très tendre (par exemple du pâté ou du foie gras), l'usage du couteau est déconseillé ;

Tant que l'on n'a pas fini de manger, disposer ses couverts sans les croiser (à "4h moins 20") sur l'assiette, sans toucher la nappe ;

Lorsque l'on a fini, disposer ses couverts parallèles (4 h 20), la fourchette dents vers le haut et le couteau lame vers la fourchette.

Le saviez-vous ?

Le touriste français

1re place : Le touriste moyen français est le plus mauvais en langues étrangères, selon une étude réalisée sur 28 pays.

2e place : Le touriste français est considéré comme le plus impoli, juste derrière le Russe.

3e place : Après le Chinois et le Britannique, le touriste français obtient la troisième place des touristes les moins ouverts à l'art culinaire de l'étranger.

4e place : Le Français obtient la quatrième place dans le classement des touristes jamais contents.

Résultat : le Français, en bon cancre, arrive à la 28e et dernière place du classement.
Le titre de meilleur touriste de l'année a été décerné au Japonais, qui se révèle discret, curieux, courtois et respectueux des coutumes locales.

Massage minceur : le palpé-roulé

Pour qu'un massage minceur soit efficace, il doit être quotidien. Asseyez-vous sur une chaise et appliquez une crème amincissante ou tout simplement une crème hydratante. Partez du genou les poings fermés, remontez en mouvements circulaires jusqu'à l'aine pour réactiver et oxygéner les tissus. Puis prenez le genou à deux mains et, avec la pulpe des deux pouces, exercez une pression glissée tandis que les autres doigts exercent un mouvement de pincements. Cette technique permet de désinfiltrer les tissus cellulitiques engorgés. Travaillez alternativement chaque cuisse pendant trois à quatre minutes environ.

Dans la campagne anglaise, deux Rolls se retrouvent face à face au beau milieu d'un pont à une voie. Cinq minutes s'écoulent et aucune des deux ne recule. C'est alors que l'un des chauffeurs descend de son véhicule, s'approche lentement de celui qui est en face, ôte sa casquette et se penche vers son collègue :
— Excuse me. Auriez-vous l'obligeance de m'accompagner un instant jusqu'à ma voiture ?
— Bien volontiers, répond l'autre.
Et ils se dirigent vers la première Rolls dont le chauffeur ouvre cérémonieusement la portière arrière.
— J'ai le privilège de conduire, comme vous pouvez le constater, la duchesse de Kent et sa fille. Auriez-vous l'amabilité de me céder le passage ?
— Accepteriez-vous à votre tour de m'accompagner un instant jusqu'à ma voiture ?
— Mais certainement. Ils repartent dans l'autre sens et retournent à la seconde Rolls dont le chauffeur ouvre non moins cérémonieusement la portière arrière. Sur la banquette est assise, impassible, la reine Elisabeth d'Angleterre.
— Et ça, dit le chauffeur, c'est de la merde ?

Créez votre espace sacré

Pour fuir les tracas du quotidien, créez dans votre maison un espace rien qu'à vous. Cela peut être une pièce entière à votre disposition, juste un coin confortable où il est interdit de vous déranger, ou une pièce d'ordinaire commune (chambre, salle de bain), où l'on n'entrera pas quand vous avez décidé de vous y retirer. Aménagez-le de façon à ce qu'il vous évoque le calme et la sérénité. Il est important également que vous puissiez préserver autant que possible, si vous souhaitez méditer ou lire, le silence. Un tel environnement aidera l'esprit à s'apaiser et permettra de faire plus facilement la paix avec soi-même.

SUDOKU

Niveau difficile

3	4			8			6	7
	1	6	4	5		9	8	
	8			7			3	
		3				8		
		7				4		
	9						4	
	7	4	3		8	6	2	
6	3						9	8

Solution p 672

La ville de Saint-Raphaël réclame 100.000 euros à Gad Elmaleh

L'été 2007 a été plutôt fatiguant pour Gad Elmaleh. Arrivé avec plus d'une heure de retard à Saint-Raphaël, l'humoriste avait prétexté des bouchons entre Ramatuelle et l'entrée de la ville. Mais l'excuse n'a pas plu aux 2700 spectateurs qui avaient fait l'effort d'être à l'heure, et qui ont hué l'humoriste. Vexé, Gad Elmaleh avait quitté la scène sans donner son spectacle. Mais les responsables locaux estimant que l'annulation du spectacle de Gad avait porté préjudice à l'image de la ville, parlant même de mépris vis-à-vis du public et de la ville qui a engagé des frais, ont assigné la star au tribunal, lui réclamant 100 000 euros de dommages et intérêts pour l'annulation de son spectacle.

Des fleurs sur une barre de fer

Un article d'Ananova relate le fait qu'un Chinois, Ding, a trouvé des fleurs qui poussent sur une barre de fer. Il était en train de nettoyer ses barres quand il a touché quelque chose de doux. "Les tiges sont plus fines qu'un cheveux, il y a 38 petites fleurs en tout." Les fleurs s'ouvrent le matin, et se ferment lorsque le soleil devient trop fort. Chacune des fleurs a un diamètre d'1 mm. Ding a demandé à ses voisins qui croient que ce sont les fleurs légendaires nommées Youtan Poluo, qui fleurissent une fois tous les 3 000 ans. Malheureusement pour cet homme, ce ne sont pas des fleurs légendaires porteuses de bonheur et de chance. Ce sont tout simplement des œufs de Chrysopes (Chrysopa carnea), ou "mouches aux yeux d'or". Ses larves sont utilisées pour chasser les pucerons du potager.

Gains à Roland Garros

Vainqueur :
940 000 euros.
Finaliste :
470 000 euros.
Demi-finale :
235 000 euros.
Quart de finale :
117 500 euros.
Huitième de finale :
66 300 euros.
Seizième de finale :
38 600 euros.
Trente-deuxième de finale :
23 300 euros.
Soixante-quatrième de finale :
14 000 euros.

Jeux d'articulation

Répétez cinq fois sans faute :

Three swiss witches watch three swiss "Swatch" watches. Which swiss witch watches which swiss "Swatch" watch?

Répétez 10 fois très vite :

Sous le toit le toit plat ploie.

WC-stretching : étirement des lombaires

Cet exercice est idéal en fin de journée pour les personnes passant de longues heures en position debout ou assise (comme le travail de bureau) et souffrant régulièrement de problèmes lombaires. Afin de soulager la tension dans cette partie du dos, la position accroupie est excellente. Très efficace en fin de journée, cet exercice soulage les lombaires. Il est donc idéal pour ceux qui passent au bureau de longues heures assis ou debout.
Accroupissez-vous, et posez les pieds bien à plat sur le sol, les talon à 20 cm l'un de l'autre, les orteils légèrement tournés vers l'extérieur (environ 15 à 20°). Placez vos genoux à la verticale de vos orteils et à l'extérieur des épaules. Gardez cette position 30 secondes. Cet exercice, très facile pour certains, peut paraître très difficile pour d'autres. Il permet entre autres d'étirer les chevilles, les genoux, les tendons d'Achille et bien sûr le bas du dos.

Collants filés

Vous avez besoin d'une paire de collants et les 2 paires qu'il vous reste ont une jambe filée. Découpez les jambes trouées, afin de disposer de deux paires de collants avec une seule jambe. Il suffit ensuite de les enfiler l'une après l'autre, on n'y verra que du feu.

Une institutrice initie sa classe de CM1 aux subtilités de l'apologue, " court récit illustrant une morale ou moralité ". Et quel meilleur exemple que les fables de La Fontaine, avec leurs célèbres moralités devenues proverbiales : " Aide-toi, le ciel t'aidera ", " Plutôt souffrir que mourir ", " La raison du plus fort..., etc. " ?
Elle invite donc ses élèves à imaginer, eux aussi, un récit conduisant à une morale... C'est au tour du petit Adrien, qui est tout nourri de séries télévisées, et grand admirateur de Zorro :
— Alors, c'est Zorro qui vole au secours d'un village tout entier qui est persécuté par les hommes du gros sergent Garcia. Il libère les villageois et rentre chez lui sur son fidèle Tornado, quand il est arrêté par un type qui lui dit qu'on lui a volé son bétail. Alors, Zorro, qui était bien fatigué de sa journée, descend de son cheval et il lui colle un gnon sur le pif, et il continue tranquillement...
— Voilà un revirement bien peu moral, objecte la maîtresse.
— ...Alors Zorro arrive chez lui, enlève son costume et redevient Don Diego. Il s'affale dans son canapé et commande à Bernardo, son serviteur, une tequila. Mais le sourd-muet ne comprend rien à ses gestes ; alors Zorro-Diego lui flanque une baffe à lui dévisser la tête...
— Écoute, Adrien ! dit l'institutrice, tout cela est bien violent, et je ne vois pas venir la moralité de ton récit...
— Ça y est, m'dame ! La moralité, c'est qu'il faut pas casser les couilles à Zorro !

Contrepèteries

Des footballeurs pros qui shootent.

Ségo mange bien.

Solution

Des footballeurs chauds qui proutent.
Séguin mange bio.

La guerre...

La façon la plus rapide de mettre fin à une guerre est de la perdre.

George ORWELL

La guerre, c'est une chose trop grave pour la confier à des militaires.

Georges CLEMENCEAU

La guerre est faite par des gens qui ne se connaissent pas et qui se tuent, au profit de gens qui, eux, se connaissent et ne se font jamais de mal.

Paul VALERY

L'objet de la guerre n'est pas de mourir pour son pays, mais de faire en sorte que le salaud d'en face meure pour le sien.

Général George PATTON

Langues

En Inde, on peut entendre parler les 140 principaux dialectes avec 845 accents différents.

Le plus long alphabet du monde est l'alphabet kmer : il est composé de 74 lettres.

Le plus petit alphabet est celui du rokota, une langue des îles Salomon : il est composé des lettres a, b, e, g, i, k, o, p, r, t, u, soit 11 lettres.

COMMENT TRICOTER "UTILE" ?

Accro à la télé

Le chanteur Raphaël a confessé être accro à l'émission "Confessions intimes", diffusée sur TF1. Depuis la création de l'émission, Raphaël n'a pas manqué un seul épisode.

Punching-ball humain

Vous avez besoin de vous défouler ? Payez quelqu'un pour le frapper. À Tokyo, dans le quartier de Ginza, il est possible de frapper quelqu'un pendant 3 minutes, pour 1 000 yen (7 euros). Jun Sato est punching-ball humain et déclare : "J'aime bien qu'on me frappe. Les affaires marchent bien et c'est une autre façon de voir la vie."

Comment s'habiller

Le dressing-code sur invitation :

Tenue de ville : tenue de cocktail, élégante et habillée, mais courte, tailleur ou une robe courte pour les femmes et costume sombre pour les hommes.
Cravate noire : les hommes doivent porter un smoking et les femmes une robe du soir, courte ou longue selon la mode.
Tenue de soirée : l'habit pour les hommes (de plus en plus relayé par le smoking) et une robe longue pour les femmes.

L'usage du chapeau

Le chapeau n'a plus l'usage quotidien d'autrefois : il est devenu un accessoire réservé aux grandes circonstances tels que les mariages et les enterrements, ou encore des manifestations publiques très élégantes (courses de chevaux). Il est assorti à une tenue habillée et s'il se garde pour un déjeuner et un cocktail, il s'enlève obligatoirement pour un dîner.

À proscrire

- Enlever sa veste dans une assemblée élégante ;
- Les chaussettes blanches ;
- Les baskets en guise de chaussures de ville ;
- Les costumes noirs (à part les smoking) ou bleus marine ;
- Le mélange du noir et du bleu marine.

Éloigner les rats

POUR ÉLOIGNER LES RATS SANS LES TUER, IL SUFFIT DE PLANTER DE LA MENTHE OU D'EN POSER QUELQUES POTS SUR LEUR PASSAGE. EN EFFET, CES RONGEURS N'AIMENT PAS L'ODEUR DE CETTE PLANTE.

Dans la campagne anglaise, deux Rolls se retrouvent face à face au beau milieu d'un pont à une voie. Cinq minutes s'écoulent et aucune des deux ne recule. C'est alors que l'un des chauffeurs descend de son véhicule, s'approche lentement de celui qui est en face, ôte sa casquette et se penche vers son collègue :
— Excuse me. Auriez-vous l'obligeance de m'accompagner un instant jusqu'à ma voiture ?
— Bien volontiers, répond l'autre.
Et ils se dirigent vers la première Rolls dont le chauffeur ouvre cérémonieusement la portière arrière.
— J'ai le privilège de conduire, comme vous pouvez le constater, la duchesse de Kent et sa fille. Auriez-vous l'amabilité de me céder le passage ?
— Accepteriez-vous à votre tour de m'accompagner un instant jusqu'à ma voiture ?
— Mais certainement. Ils repartent dans l'autre sens et retournent à la seconde Rolls dont le chauffeur ouvre non moins cérémonieusement la portière arrière. Sur la banquette est assise, impassible, la reine Elisabeth d'Angleterre.
— Et ça, dit le chauffeur, c'est de la merde ?

D'où vient le terme "cocu" ?

Le terme "cocu"
est un dérivé de coucou.
En effet,
la femelle du coucou a
pour habitude
de pondre ses œufs
dans d'autres nids
que le sien.

Test

Ce qu'il y a dans votre assiette...

Rien dans le frigo ? On va au resto !

● Un couscous.
■ Un petit bistrot français.
◆ Un resto bio.

Après un bon repas, que préférez-vous faire ?

● Faire une sieste crapuleuse.
◆ Boire une bonne tasse de thé vert.
■ Faire une balade.

Des amis débarquent chez vous à l'improviste, vous leur préparez :

■ Un bon saucisson et votre fameux cassoulet.
◆ Une salade et une quiche.
● Du saumon fumé sur des blinis.

Pour vous, un met appétissant :

◆ Doit être composé de cinq fruits et légumes frais.
● Doit être consistant.
■ Doit vous évoquer de bons souvenirs.

Le petit-déjeuner au lit, pour vous, c'est :

■ Quasiment tous les jours.
● En amoureux, dans les grandes occasions.
◆ Pour les miettes dans le lit ? Non merci !

Pour vous, une soirée réussie consiste en :

■ Un repas entre amis ou en famille.
◆ Un plateau-repas en solo devant la télé.
● Un dîner dans un grand restaurant.

Résultats

Majorité de ■
D'un tempérament convivial et ouvert, vous ne vous sentez parfaitement bien qu'entouré(e) de votre famille ou de vos amis. Votre sens de la tradition et des choses naturelles s'exprime dans votre vie comme dans votre manière de manger. Vous la croquez naturellement, et vous sentez tout à fait épanoui(e) avec vos petites rondeurs.

Majorité de ●
Le repas est pour vous d'abord un spectacle dans lequel vous aimez jouer un rôle à votre mesure. S'il vous faut manger des nouilles toute la semaine pour goûter du caviar le dimanche, vous serez capable de ce sacrifice sans la moindre difficulté. Cigale dans la vie vous ne craignez pas les lendemains qui déchantent.

Majorité de ◆
Votre vie est une chose trop sérieuse pour que vous la confiez à d'autres. Un œil sur votre taux de cholestérol et l'autre dans votre assiette, vous soupesez, scrutez, analysez bien chaque chose avant de vous décider. Dans votre vie comme à table, toute décision est une affaire mûrement réfléchie.

Le zen

Zen est aujourd'hui devenu un mot commun. Bien avant d'être un phénomène de mode ou un argument marketing, le zen est d'abord et surtout une religion issue du bouddhisme. Il est né en Chine, quand le bouddhisme y a débarqué en provenance des Indes, au début de notre ère. Quelques siècles plus tard, il parvenait en Corée et au Japon où il prenait son plein essor.

Le zen est centré sur l'esprit et vise à le purifier de tout ce qui l'encombre inutilement. C'est un cheminement au fond de soi pouvant conduire à l'éveil, c'est-à-dire à l'expérience directe du présent, un présent détaché du passé et du futur, de l'agitation et du trouble. C'est une forme d'illumination libératrice qui amène à vivre pleinement chaque instant. Ainsi, Martine Batchelor, qui enseigne le zen en Angleterre, explique que "cette perception se manifeste par le sentiment de voir les choses devenir claires, de ne faire qu'un avec l'Univers ou de comprendre qu'il n'y a rien à quoi s'accrocher. Elle s'accompagne d'une grande allégresse, d'une grande légèreté ou d'une grande liberté."

Touvez l'intrus

Mémoire

Télévision

Souris

Clavier

Solution

La télévision n'a pas de rapport avec l'ordinateur.

Le savoir-vivre dans la rue

Dans la rue comme ailleurs, les règles du savoir-vivre reposent l'aide aux personnes en difficulté et sur le respect d'autrui. Certains gestes, s'ils demandent peu d'efforts, permettent d'aider son prochain : aider un aveugle à traverser la rue, tenir la porte de la boulangerie à une personne avec une poussette ou soutenir une personne âgée pour monter dans un bus. D'autres, de rendre le sourire ou de faciliter la vie en communauté : on peut s'effacer pour faciliter le passage d'un piéton visiblement plus pressé, remercier d'un signe l'automobiliste qui nous cède le passage, garder son emballage de sandwich ou papier de chewing-gum dans sa poche plutôt que de le jeter par terre, faire en sorte de ne pas boucher tout le trottoir lorsque l'on rencontre quelqu'un dans la rue...

Toile géante

En octobre 1988,
Ken Thompson,
concierge d'une école en
Grande-Bretagne,
a découvert une toile
d'araignée géante
qui couvrait tout
le terrain de jeu
de l'école,
soit 4,5 hectares.

Concordances chiffres arabes / chiffres romains

Arabe	Romain	Arabe	Romain
1	I	90	XC
2	II	91	XCI
3	III	99	XCIX
4	IV	100	C
5	V	101	CI
6	VI	141	CXLI
7	VII	149	CXLIX
8	VIII	150	CL
9	IX	161	CLXI
10	X	169	CLXIX
11	XI	170	CLXX
18	XVIII	181	CLXXXI
19	XIX	189	CLXXXIX
20	XX	190	CXC
40	XL	191	CXCI
41	XLI	199	CXIX
45	XLV	200	CC
49	XLIX	400	CD
50	L	500	D
51	LI	800	DCCC
59	LIX	900	CM
60	LX	999	CMXCIX
81	LXXXI	1000	M
89	LXXXIX	1990	MCMXC

Massage contre la nausée

Si vous êtes sujet à des nausées, la médecine chinoise recommande de masser un point stratégique qui se situe à la base du pouce, à sa jonction avec le poignet, à l'endroit où l'on prend habituellement le pouls. Commencez par un pouce, à gauche pour les gauchers et à droite pour les droitiers, en tournant pendant deux minutes dans le sens contraire des aiguilles d'une montre, puis changez de pouce.

People

Tony Parker et Eva Longoria hués pendant leur mariage

Les fans du basketteur français Tony Parker et de l'actrice américaine Eva Longoria sont déçus après ce qui aurait pourtant dû être le mariage du siècle, samedi 7 juillet 2007, à Paris. Les deux stars ont été huées par leurs fans, dépités de n'avoir rien vu de l'union. Tout avait été mis en œuvre pour préserver l'exclusivité accordée par le couple au magazine américain OK ! pour la ronde somme de 2 millions de dollars.

Un paravent géant formé de panneaux noirs avaient été installés dès le début d'après-midi devant le portail d'honneur de l'église, afin de cacher la visibilité des badauds et des photographes. Certains avaient été jusqu'à louer des fenêtres et balcons à proximité immédiate de l'église pour l'après-midi .

Des dizaines de gendarmes et CRS étaient mobilisés aux abords de l'édifice, filtrant les accès et surveillant la foule. À l'extérieur, insultes et sifflets fusaient à l'encontre du couple. La plupart des fans, dépités, ont rapidement décidé de quitter les lieux.

Les invités étaient pourtant de marque : parmi eux, les comédiennes de "Desperate Housewives" Teri Hatcher, Nicollette Sheridan, Felicity Huffman et son mari, l'acteur William H. Macy, l'ancien champion de judo David Douillet, la chanteuse Sheryl Crow, le comique Eric, du duo Eric et Ramzy, Greg Popovich, l'entraîneur de San Antonio, et bien entendu, l'équipe de Parker.

Trois copains marseillais sont montés à Paris, exprès pour un grand concert à l'Olympia de leur Dieu, Johnny Hallyday. C'était du tonnerre, évidemment ; et après le spectacle ils vont fêter ça dans un grand restaurant, pas loin de l'Olympia. Tous les trois ont des anecdotes sur le chanteur, prétendent l'avoir croisé, connaître un de ses parents ; bref, être au mieux avec lui...
Fatalité, en allant aux toilettes, Marius tombe sur Johnny ! Et comme il a envie de se faire un peu mousser auprès des copains, il lui demande :
— Dis, Johnny, ça te ferait rien, en passant près de ma table, de me dire une gentillesse, du genre : "Oh, Marius ! comment ça va ?" Tu comprends, ça en boucherait un coin à mes potes, qui me croient jamais...
Johnny accepte de bonne grâce, et Marius regagne sa place.
Peu après, le rocker s'approche, tape sur l'épaule de Marius et lui fait :
— Ah que Marius ! Comment que tu vas bien ?
Et Marius se retourne en répliquant :
— Eh ! Attends un peu, tu vois bien que je parle !

Le papier toilette : produit phare en Chine

Les changements de coutumes et l'occidentalisation de la Chine, pays en voie de développement, ont permis aux Chinois de goûter au confort du papier toilette, autrefois peu utilisé (on se nettoyait à l'eau). À tel point que l'économie chinoise s'en trouve handicapée : la cellulose utilisée par les fabricants de papier est devenue le troisième produit d'importation du pays, après le pétrole et l'acier. Pour pallier à ces dépenses, les autorités ont mis en place un système d'encouragement au développement de matériaux alternatifs. Une usine du Jiansu s'est mise à fabriquer du papier à base de paille.

SUDOKU

Niveau moyen

			8	7		6		
3								
6	7		2		1		3	
	3	4	5		6	8		2
	8	6	3	4	2	5	1	
2			9			3	4	
4			6	5	9	2	8	7
8		7				9	5	
5	2				8	1	6	

Solution p 672

Lutter contre la cambrure

Cet exercice est bénéfique s'il est effectué pendant quelques minutes seulement, plusieurs jours de suite.

Assis, étirer la colonne
vertébrale vers le bas au
niveau des vertèbres lombaires,
en serrant les fesses,
tout en la tenant simultanément
étirée vers le haut
au niveau des
vertèbres cervicales.

Les animaux les plus rapides

Dans les airs :

Le faucon pèlerin est l'oiseau le plus rapide du monde en piqué : il pourrait atteindre jusqu'à 300 km/h.
En vol horizontal, l'oiseau le plus rapide est le martinet. Sa plus grande vitesse enregistrée est de 160 km/h.

Dans l'eau :

Le poisson qui va le plus vite s'appelle le voilier. Il peut atteindre 104 km/h.

Sur terre :

Le guépard est l'animal le plus rapide sur terre, mais sa vitesse n'atteint pas 80 km/h, ce qui est peu au vu des animaux cités ci-dessus.

Serrement de main

Ne tendez pas la main en premier à quelqu'un de plus âgé ou à un supérieur hiérarchique ; Attendez qu'il le fasse : c'est à lui de choisir s'il veut vous saluer ou non.

Tout petit génie

Georgia Brown, une petite fille âgée de 2 ans et 10 mois, vient de devenir la plus jeune membre de l'institut britannique Mensa, réservé aux surdoués. En effet, des psychologues infantiles viennent de déceler chez elle un quotient intellectuel de 152, chose encore jamais vue chez un enfant de cet âge.

Perles de George W. Bush

La guerre contre le terrorisme implique Saddam Hussein à cause de la nature de Saddam Hussein, l'histoire de Saddam Hussein, et sa volonté de se terroriser lui-même.

La troisième priorité est de donner la première des priorités à l'enseignement.

Et il n'y a pas de doute dans mon esprit, pas le moindre doute dans mon esprit que nous allons échouer. L'échec ne fait pas partie de notre vocabulaire. Notre grande nation va guider le monde, et nous réussirons.

Il y a une grande confiance autour de moi. Je le sens chaque jour, quand les gens que je rencontre me disent : Ne nous laissez pas tomber, une fois de plus !

De plus en plus, nos importations viennent de l'étranger.

Je suis très honoré de rencontrer M. Anzar. (José Maria Aznar, Premier ministre espagnol).

J'aime cette idée d'une école dans laquelle les gens viennent s'instruire et restent dans l'état dans lequel ils sont.

Depuis maintenant un siècle de demi, l'Amérique et le Japon ont formé l'une des plus grandes et des plus fortes alliances des temps modernes. De cette alliance est née une ère de paix dans le Pacifique.

Il faut garder de bonnes relations avec les Gréciens.
Notre nation doit s'unifier pour se réunir.

Je sais ce que je crois. Je continuerai à exprimer ce que je crois, et ce que je crois... je crois que ce que je crois est bien.

Des nettoyants écologiques

Pour enlever la poussière sur un meuble, on peut utiliser simplement de l'eau et de l'huile d'olive. Pour nettoyer la baignoire, la douche ou la cuvette des toilettes, il suffit d'un peu de bicarbonate de soude. Un mélange de vinaigre et d'eau peut nettoyer presque tout. Ces solutions sont à la fois économiques et écologiques.

SPÉCIAL ENFANTS : FARCES ET ATTRAPES

LA CROTTE DE CHIEN IMAGINAIRE

Marche dans la rue, puis arrête-toi d'un coup et regarde tes semelles. Tu verras, les passants vont eux aussi regarder leurs chaussures et observer autour d'eux.

Être optimiste est bon pour le cœur

Une étude menée aux Pays-Bas montre qu'être optimiste diminue les accidents cardiaques. En 1985, un questionnaire a été administré à 546 hommes âgés de 64 à 84 ans, afin de déterminer s'ils étaient ou non optimistes. Quinze ans plus tard, ceux qui avaient été classés optimistes ont deux fois moins de problèmes cardiaques que ceux classés pessimistes.

Demi Moore, reine de la chirurgie esthétique

En 2006, Demi Moore a dépensé plus de 90 000 $ en chirurgie esthétique. Gonflement des lèvres, nouvelles prothèses mammaires, liftings, liposuccion... Demi Moore ne lésine pas. D'autant qu'elle se fait refaire depuis longtemps. Un magazine anglais a tenté de faire le compte : depuis le début, Demi Moore aurait dépensé presque 350 000 $ pour atteindre son idéal de jeunesse et de beauté. Peut-être ce qu'il faut pour rester avec Ashton Kutcher, le jeune tombeur d'Hollywood, de 15 ans son cadet !

Enigme

En plein désert, on retrouve tous les kilomètres un sac de sable, puis au bout d'un moment, un homme mort, un petit bâton de bois serré dans la main. Que s'est-il passé ?

Solution

L'homme faisait partie d'une expédition en montgolfière. L'engin perdant de l'altitude, les passagers ont lâché le plus de lest possible (les sacs de sable). Puis, à court de lest et voyant qu'ils ne remontaient pas, ils ont tiré à la courte échelle pour envoyer l'un d'eux par-dessus bord un homme. L'homme retrouvé mort est celui qui a perdu.

Malade, on voulut lui faire venir un médecin et il déclara : "**NON, JE VEUX UN FOSSOYEUR, CAR JE DÉTESTE LES INTERMÉDIAIRES.**"

Xavier FORNERET

Détendre ses traits

Si votre visage est crispé et si vous avez les mâchoires serrées, baillez deux ou trois fois en ouvrant grand la bouche. Puis, appliquez sur votre peau fraîchement démaquillée un masque aux vertus relaxantes. Vous pouvez en préparer un vous-même en mélangeant une pomme crue râpée à une cuillerée de crème fraîche épaisse. Etalez ensuite cette mixture en couches épaisses sur l'ensemble du visage et laissez poser quinze minutes. Profitez-en pour vous relaxer.

Quelques aliments aphrodisiaques

Le gingembre,
les huîtres,
le chocolat,
l'ail,
le miel,
la truffe,
le poivre,
l'anguille,
la menthe.

Peler l'ail sans effort

Rouler énergiquement la gousse d'ail entre les mains 3 ou 4 secondes et toute la pelure s'en va.

Sinon, vous pouvez aussi écraser les gousses avec la lame du couteau ou avec le fond d'un verre.

Un homme complètement **SAOUL** marche tant bien que mal dans la rue. Il avance, un pied sur le trottoir et l'autre dans le caniveau… Voyant ce homme tituber ainsi, un type l'interpelle :

— Monsieur ! Vous rentrez chez vous ? Je crois que vous êtes saoul…

— Ouf ! fait le type. Vous me soulagez, je pensais que je boitais !

SUDOKU

Niveau facile

	7	1	4		5	9	3	
3		2				5	1	7
5	9	8	1		3	2	6	4
1	2		5		6		8	3
8	3		7	9	1		2	5
4	8	5	2		9	3	7	6
9		3				1		2
	1	7	6	3	4	8	5	

Solution p 672

La vision des animaux

Contrairement à la croyance, les chats et les chiens ne voient pas en noir et blanc. Ils perçoivent les couleurs, mais pas toutes. Les chats voient le vert et le bleu. Par contre, ils discernent mal le rouge, qui leur apparaît légèrement délavé. Quant aux chiens, leur vision des couleurs se rapproche de celle des daltoniens. Ils distinguent le jaune, le bleu et le rouge, mais pas le vert, qu'ils voient de la même façon que le rouge.
Les animaux ont cependant une bien meilleur perception des mouvements et des contrastes que les humains. Les chats ont une sensibilité oculaire supérieure à la nôtre, qui leur permet de distinguer le moindre changement de lumière, raison pour laquelle ils voient mieux que nous dans l'obscurité. Les chiens peuvent pour leur part détecter les changements liés aux mouvements, ce qui leur a valu la réputation d'excellents chasseurs.

Œuf de Pâques

Un Italien avait imaginé une façon très originale de demander sa petite amie en mariage. Il avait demandé à un pâtissier de lui faire un œuf de Pâques en chocolat noir et de mettre à l'intérieur une bague de fiançailles sertie de diamants. Quand on livra l'œuf à la jeune fille, elle fut déçue qu'il ne soit pas en chocolat au lait et alla l'échanger au magasin. Quand le jeune homme découvrit le pot aux roses, il se précipita au magasin, mais... L'œuf et la bague avaient déjà été vendus à quelqu'un d'autre ! Depuis, le couple s'est séparé...

Cigares

Dans sa vie, Philippe Noiret a fumé 36 000 cigares. Ses marques préférées sont les Lusitanias et les Double Corona.

Les boucles d'oreilles des pirates

Les pirates ne portaient pas de boucles d'oreilles par coquetterie. Il s'agissait simplement de leur porte-monnaie ! En effet, la monnaie d'échange à l'époque étant l'or, et le vol étant courant sur les bateaux, accrocher son or à ses oreilles était le plus sûr moyen de ne pas se les faire voler.

Les places à table

Dans les règles de l'art, un plan de table se fait en fonction de certaines règles.

À la droite de la maîtresse de maison :

Un homme que l'on reçoit pour la première fois,
Ou l'invité d'honneur
Ou l'époux de l'invitée d'honneur
Ou l'invité le plus âgé ;

À la gauche de la maîtresse de maison :

L'invité qui vient tout de suite après l'invité placé à droite.

À la droite du maître de maison :

Une femme que l'on reçoit pour la première fois ;
Ou l'invitée d'honneur
Ou l'épouse de l'invité d'honneur
Ou la femme la plus âgée

À la gauche du maître de maison :

L'invitée qui vient tout de suite après l'invitée placée à droite ;
Ou l'épouse de l'invité qui est à gauche de la maîtresse de maison.

Interdit de cracher !

Les Chinois n'ont qu'à bien se tenir. Leur gouvernement a décidé qu'avant les JO de Pékin de 2008, les Chinois devaient apprendre à ne pas cracher les os de poulet sur la table ni cracher dans les cendriers. Dans ce but, l'Empire du milieu ne lésine pas sur les moyens : des centaines de volontaires et d'enseignants sont mobilisés pour apprendre au plus grand nombre les manières internationales.

ACARIENS

Pour supprimer les acariens sur le nounours ou le doudou de votre bébé, d'une taie d'oreiller ou de tout autre textile, il suffit de le mettre une heure au congélateur.

Le petit chaperon rouge se rend à travers la forêt apporter une galette et un petit pot de beurre à sa grand-mère malade. Chemin faisant, elle aperçoit le grand méchant loup caché derrière un buisson. Elle s'approche doucement derrière lui et lui hurle aux oreilles :

— **OH ! LOUP ! COMME VOUS AVEZ DE GRANDES OREILLES !**

Le loup, surpris, sursaute et s'enfuit dans la forêt. Le petit chaperon rouge continue son chemin quand elle voit de nouveau le loup tapi derrière un arbre.
Sans faire de bruit, elle se glisse derrière lui et lui crie :

— **LOUP ! COMME VOUS AVEZ DE GRANDS YEUX !**

Le loup saute en l'air et prend ses jambes à son cou. Le petit chaperon rouge, un peu surprise de sa réaction, continue sa promenade.
Juste avant d'arriver chez sa grand-mère, elle repère les oreilles du loup derrière une botte de foin. Elle s'approche de lui en lui criant :

— **EH, LE LOUP ! COMME VOUS AVEZ DE GRANDES DENTS !**

N'y tenant plus, le loup sort de sa cachette et lui crie :
— Dis, chaperon rouge, tu pourrais pas me laisser chier tranquille !

Jeu d'articulation

Retenir et répéter :

Le drain du frein
du train craint
le grain et les brins
de crin.

Répétez dix fois très vite :

postillons
assurés !

Les destinations d'été en quelques dates

1760 : arrivée des premiers touristes anglais dans le Sud de la France.
1837 : Les frères Pereire entreprennent de grands travaux ferroviaires, créent la Compagnie générale transatlantique de paquebots et font construire le grand Hôtel du Louvre, à Paris.
1852 : Une ligne ferroviaire arrivant à Arcachon est créée.
1855 : Napoléon III et son épouse prennent leurs quartiers d'été dans ce qui deviendra la ville impériale : Biarritz.
1865 : L'Anglais Thomas Cook invente le premier catalogue de voyages organisés. Les premières destinations proposées sont l'Egypte et la Terre Sainte.
1886 : La ville de Saint-Tropez sera investie par des peintres qui en feront l'ode : Bonnard, Matisse, Vuillard, ou encore Signac.
1922 : Certaines personnalités culturelles passent l'été à Juan-les-Pins et à Antibes : Picasso, Coco Chanel, Scott Fitzgerald, etc.

1936 : création des congés payés.
1948 : Généralisation de la crème solaire.
1950 : Le premier Club Méditerranée est ouvert aux Baléares, par le fabricant de matériel de camping Gilbert Trigano.
1955 : Dans son film " Et Dieu créa la femme ", avec Brigitte Bardot, Roger Vadimre lance la mode de Saint-Tropez.
1956 : Alain Delon part s'installer à Marrakech.
1963 : La création de la région touristique du Languedoc-Roussillon est prise en charge par l'Etat, qui prévoit d'aménager 620 00 hectares dédiés au tourisme, pour concurrencer la Costa Brava en Espagne. D'où l'avènement des stations du Cap-d'Agde et de la Grand-Motte.
1969 : Sous l'influence des Pink Floyd et de leur film " More ", les hippies prennent leurs quartiers d'été à Ibiza.
1971 : Ouverture du premier Disney World à Orlando en Floride, mais aussi du premier Center Park en Hollande, qui annonce le tourisme vert.
2002 : Lancement de l'opération Paris-Plage par Bertrand Delanoë.

Les animaux...

Mon chien est moitié pitt-bull, moitié labrador : il arrache les jambes puis il les rapporte.

Frank CARSON

Un ami fermier m'a fait une plaisanterie : il m'a fait traire un taureau. J'ai appris quelque chose : il suffit de traire une seule fois cet animal pour avoir un ami pour la vie !

Yakov SMIRNOFF

J'aime les yorkshires. Y a pas mieux pour laver sa voiture.

William CORONEL

Ça vous est déjà arrivé d'entrer dans une pièce sans vous souvenir de ce que vous vouliez y faire ? J'ai l'impression que les chiens ont cette sensation en permanence.

Sue MURPHY

Musculation des cuisses et du fessier

Debout, pieds écartés de la largeur du bassin, une barre droite (tel un manche à balai) en appui sur l'arrière des épaules, espacez les mains de la largeur des épaules.
Pliez les genoux et descendez les fessiers vers le sol. Vos talons ne doivent pas décoller du sol lors de la descente. Lorsque vos cuisses sont parallèles au sol, revenez lentement à la position de départ avec la force de vos cuisses et de vos fessiers. Travaillez en souplesse sans à-coup. Pour garder le dos bien droit lors de la réalisation de cet exercice, regardez devant vous, et non vos pieds. Répétez le mouvement vingt fois.

Respirer pour se relaxer

Nous utilisons à peine 20 % de notre capacité pulmonaire. Lorsque nous sommes stressés, nous respirons encore plus mal. Notre diaphragme se ratatine et nos cellules manquent d'oxygène. Pour bien respirer : fermez les yeux, inspirez de l'air par le nez en gonflant votre ventre, puis expirez par la bouche en comptant jusqu'à dix.
À faire cinq fois.

Beurre

Lors d'un repas, il est d'usage de prélever un petit morceau de beurre et de le déposer sur son assiette. Ne vous faites pas une tartine, sauf si c'est un petit-déjeuner. Beurrez un petit morceau de pain d'environ une bouchée, que vous mangerez en une seule fois. Évitez de croquer dans votre morceau. Cette règle s'applique lorsque l'on mange du fromage.

De même, présentez à votre voisin du pain dans la corbeille, plutôt que de lui passer un morceau de pain à la main.

Internet : quelques chiffres

85 milliards de spams sont envoyés tous les jours dans le monde.

En 2007, **40 spams** en moyenne sont reçus par jour par internaute.

15 minutes chaque jour sont consacrées par un employé pour éliminer ses spams.

93 % des courriers électroniques reçus au premier trimestre 2007 étaient des spams, contre **62** % au trimestre 2006.

5,2 % des spams envoyés à travers le monde le sont de France.

À cause du spam, **146 milliards** d'euros sont perdus par les entreprises dans le monde en 2007, contre 15 milliards en 2003. Les spams ont coûté **1,4 milliard** d'euros aux entreprises françaises en 2006.

2 400 euros, c'est le coût estimé par boîte aux lettres électronique dans les entreprises dans le monde, contre **36** euros en 2006.

Spécial environnement : conseils pratiques

- Mettre une bouteille d'eau potable au réfrigérateur de manière à éviter de faire couler souvent l'eau du robinet jusqu'à ce qu'elle refroidisse pour boire un verre d'eau.
- Garder un bol d'eau dans l'évier pour se rincer les mains en préparant les repas.
- Ne pas laisser couler l'eau tout en faisant la vaisselle.
- Si l'usage d'un lave-vaisselle est nécessaire, le faire fonctionner à pleine charge, au cycle économique. Pour une meilleure efficacité énergétique, arrêter l'appareil après le rinçage, et laisser sécher la vaisselle à l'air.
- Utiliser des essuie-mains et des serviettes de table en tissu plutôt qu'en papier.
- La cuisson d'aliments congelés prend plus d'énergie, donc les faire dégeler au préalable.
- L'eau vient à ébullition plus vite si vous mettez un couvercle sur la casserole.

Abel rencontre son frère, et lui demande :
— Comment ça va, Caïn ?
— Caha ! répond l'autre.

LE MÉDECIN :

— Vous êtes solide comme un roc, croyez-moi, vous enterrerez votre femme, vos enfants et tous vos amis.

LE MALADE :

— Vous dites ça pour me faire plaisir ?

Ce que les people détestent

Eddy Mitchell avoue préférer regarder un film avec Jean Lefebvre qu'un Charlie Chaplin, dont il ne supporte pas les films.

Emma de Caunes déteste le chocolat. Elle a pourtant commencé sa carrière en tournant une publicité pour Crunch.

Thierry Ardisson n'aime pas son corps. Complexé, se trouvant trop gros et trop peu musclé, il avoue que c'est la raison qui le pousse à ne s'habiller qu'en noir.

Francis Cabrel a horreur de s'acheter des vêtements. C'est Mariette, sa femme, qui fait son shopping à sa place, connaissant toutes ses tailles. Non seulement elle lui achète ses vêtements de ville, mais elle choisit aussi ses costumes de scène.

Gilbert Montagné déteste entendre les fautes de français, surtout par les journalistes et les présentateurs. Il leur envoie régulièrement des courriers pour le leur faire savoir.

Christophe Dechavanne, après avoir été malade en mangeant un tartare de thon, a en horreur le poisson cru, et n'en mange jamais.

Contrepèteries salaces

Des cils dans le poireau.

Les vieux abbés se font malentendants.

Solution

Des poils dans le sirop.
Les vieux athées se font mal en bandant.

Le prénom le plus répandu au monde est Mohamed.

Enfants :
Aidez-les à avoir confiance en eux

Félicitez-le

D'après les études les plus récentes, une bonne estime de soi est plus utile, à l'école, qu'un haut niveau de compétence. Félicitez- le dans tous les actes de la vie quotidienne. Un enfant en échec scolaire est blessé narcissiquement ; au lieu de le bombarder de cours de soutien, compensez en lui faisant faire ce en quoi il est doué : dessin, équitation, foot, tennis. S'il a une image positive de lui hors du domaine scolaire, ça l'aidera pour l'école.

Rassurez-le

Un enfant qui veut susciter l'intérêt de ses parents peut s'arranger inconsciemment pour ne pas travailler ou récolter de mauvaises notes. On appelle cela la peur de réussir. Réussir, c'est être peu ou prou livré à soi-même ; échouer maintient dans un état de dépendance parfois confortable. Rassurez-le. Votre amour ne dépend pas de ça.

Repérez son profil d'apprentissage

Est-il plutôt visuel (il a besoin de surligner sa leçon, se repère grâce aux illustrations) ou auditif (il a besoin d'entendre un texte) ? Est-il plutôt solitaire dans ses devoirs ou a-t-il besoin d'une présence (il fonctionne sur le mode " interpersonnel ") ? Quand vous aurez compris son mode d'apprentissage, les devoirs iront beaucoup plus vite.

Evitez de le culpabiliser sur ses performances
N'insistez pas trop sur les notes, évitez les petites phrases culpabilisantes telles que : "Tu as tout pour réussir." Entraînez-le vers des loisirs-plaisir, sans aucun objectif de réussite. S'il est dans un état de bien-être, il sera plus efficace.

Laissez-le vous aider
Un très bon exercice consiste à faire la cuisine. Il permet à l'enfant de réviser sans s'en rendre compte (lecture de la recette, mesures, obtention d'un résultat). L'attente et la patience entrent aussi en jeu, de même que le développement du goût, très important chez un enfant qui n'aime rien.

Montrez-lui ses connaissances sous un autre jour
Quand il vous dit "Je le sais", demandez-lui "Comment l'as-tu appris ?" ou "qu'en penses-tu ?" De cette façon, il mettra en perspective ses acquis et se les appropriera. C'est le début de la culture.

Jouez à la maîtresse avec lui
Les jeux de rôle sont très appréciés des enfants... et des pédopsychiatres. En effet, ils apprennent beaucoup de choses sur son comportement en classe, celui de ses instituteurs, ou le vôtre si vous jouez à la maman.

Laissez-le rêver et s'ennuyer
En laissant sa pensée vagabonder, en rêvant à ce qu'on fera quand on sera grand, on s'affirme d'une autre manière. De même quand l'enfant s'ennuie, il va chercher les ressources pour y remédier au fond de lui-même.

Vignette automobile

En Italie, l'administration est très stricte sur le paiement des vignettes automobiles, même si les propriétaires sont morts. C'est le cas pour cette Fiat A 112 criblée de balles, dans laquelle Dalla Chiesa a été assassiné par la Mafia. La voiture est exposée depuis quinze ans au Museo Storico de Voghera, et chaque année, le conservateur s'acquitte du règlement. Le ministère des Finances a refusé de l'en exempter pour une raison : La voiture a conservé sa plaque d'immatriculation.

Musculation des cuisses et du fessier

Debout, pieds écartés de la largeur du bassin, une barre droite (tel un manche à balai) en appui sur l'arrière des épaules, espacez les mains de la largeur des épaules.
Pliez les genoux et descendez les fessiers vers le sol. Vos talons ne doivent pas décoller du sol lors de la descente. Lorsque vos cuisses sont parallèles au sol, revenez lentement à la position de départ avec la force de vos cuisses et de vos fessiers. Travaillez en souplesse sans à-coup. Pour garder le dos bien droit lors de la réalisation de cet exercice, regardez devant vous, et non vos pieds. Répétez le mouvement vingt fois.

De beaux cheveux

Pour avoir de beaux cheveux, mélanger 10 cl d'huile d'olive et deux jaunes d'œuf.
Appliquer le mélange sur les cheveux,
et le laisser reposer au moins une heure et demie.
Rincer à l'eau claire.

DEVINETTES

Que signifient les lettres "PF" sur un corbillard en Alsace ?

PON FOYAGE...

Quel est le dessert préféré de Bob Marley ?

LES MILLEFEUILLES.

Les pièces de Molière

1646	La Jalousie du Barbouillé
1647	Le Médecin volant
1655	L'Etourdi ou les contretemps
1656	Dépit amoureux
1659	Les Précieuses ridicules
1660	Sganarelle, ou le Cocu imaginaire
1661	Dom Garcie de Navarre, ou le Prince jaloux
1661	L'Ecole des maris
1661	Les Fâcheux
1662	L'Ecole des femmes
1663	La Critique de l'école des femmes
1663	L'Impromptu de Versailles
1664	Le Mariage forcé
1664	La Princesse d'Elide
1664	Le Tartuffe ou l'imposteur
1665	Dom Juan, ou le festin de pierre
1665	L'Amour médecin
1666	Le Misanthrope
1666	Le Médecin malgré lui
1666	Mélicerte
1667	Pastorale comique
1667	Le Sicilien, ou l'Amour peintre
1668	Amphitryon
1668	George Dandin, ou le Mari confondu
1668	L'Avare
1669	Monsieur de Pourceaugnac
1670	Les Amants magnifiques
1670	Le Bourgeois gentilhomme
1671	Psyché
1671	Les Fourberies de Scapin
1671	La Comtesse d'Escarbagnas
1672	Les Femmes savantes
1673	Le Malade imaginaire

Devinette

Je suis toujours à l'abri et toujours mouillée. Qui suis-je ?

Solution

La langue.

JEU DES 7 ERREURS

Les mariages les plus chers

Liza Minnelli & David Gest : 3,5 millions de $.
Paul McCartney & Heather Mills : 3 millions de $.
Elizabeth Hurley & Arun Nayar : 2,5 millions de $.
Tom Cruise & Katie Holmes : 2 millions de $.
Elizabeth Taylor & Larry Fortensky : 2 millions de $.
Christina Aguilera & Jordan Bratman : 2 millions de $.
Elton John & David Furnish : 1,5 million de $.
Michael Douglas & Catherine Zeta-Jones : 1,5 million de $.
Tiger Woods & Elin Nordegren : 1,5 million de $.
Eddie Murphy & Nicole Mitchell : 1,5 million de $.
Pierce Brosnan & Keely Shaye Smith : 1,5 million de $.
Madonna & Guy Ritchie : 1,5 million de $.
Donald Trump & Melania Knauss : 1 million de $.
Tori Spelling & Charlie Shanian : 1 million de $.
Brad Pitt & Jennifer Aniston : 1 million s de $.
David & Victoria Beckham : 800 000 $.
Ashley Judd & Dario Franchitti : 750 000 $.
Mariah Carey & Tommy Mottola : 500 000 $.
Marc Anthony & Dayonara Torres : 500 000 $.
Nicole Kidman & Keith Urban : 250 000 $.

Prix estimés, en dollars.

Record du lancer de spaghettis

Le 16 décembre 1998,
l'Américain Kevin Cole
a propulsé sans les mains
des spaghettis
à une distance
de 19,05 cm :
pour cela,
il les a enfoncés
dans son nez et
a tout simplement soufflé
très très fort.

Ciseaux qui coupent

Des ciseaux qui coupent mal peuvent être aiguisés facilement, sans avoir besoin de pierre à aiguiser. Prenez une feuille de papier d'aluminium et pliez-la en quatre. Coupez-la avec les ciseaux pendant une minute et ils redeviendront comme neufs.

L'étoile juive

L'étoile juive est une étoile à six branches, composée de deux triangles superposés, l'un dirigé vers le haut, l'autre vers le bas. Ces deux triangles mêlés représentent la liaison entre la trinité humaine et la trinité divine, entre le visible et l'invisible. Les six branches symbolisent les six jours de la semaine qui entourent le jour du Seigneur, le shabbat, au centre.
Elle est aussi appelée Maguen David (le bouclier de David) ou étoile de David. Selon la prophétie, cette étoile devait sortir de la maison de David. Elle entra dans la légende lors du fameux combat que David remporta contre Goliath, notamment grâce à son bouclier.

Amoureux à vie d'une certaine Célia cet homme s'est fait tatouer sur le sexe le prénom de l'heureuse élue, de manière qu'au repos on lise **CA**, et en érection **CELIA**. En vacances à Varadero, sur la côte cubaine, il croise au sortir de la douche un maître nageur cubain qui porte le même tatouage.

— Ah ! vous aussi votre copine se prénomme Célia ?

— No compadre. Moi j'ai fait tatouer en érection le titre de ma chanson préférée : **CUBA, QUE LINDA ES CUBA.**

Un employé des postes à Bastia se plaint
à son ami :

— Avec le chef que j'ai au bureau, impossible de dormir pendant le travail !

— Pourquoi, il te surveille ?

— Eh non, il **RONFLE** !

Un réveil en douceur

Offrez à votre amour un réveil parfait pour une journée parfaite.

Réveillez-le (la) au son de sa chanson préférée.
Faites-lui des œufs au plat en forme de cœur (facile, mais vous pouvez les recouper, si vous n'avez pas réussi).
Faites-lui des pancakes.
Réveillez-le (la) en lui caressant les cheveux.
Ecrivez-lui un mot d'amour sur la peau pendant qu'il (elle) dort. Il (elle) s'en apercevra à son réveil.

Perles des petites annonces de Libération

Au facteur qui me porte Libé avec un jour de retard pour pouvoir le lire tranquillement. Pourquoi ne pas venir le lire chez moi devant un café ?

Qui pourrait me donner l'adresse d'un thérapeute utilisant le cri primal ?

Désire correspondre avec nana mysogine, c'est pas une blague.

Grand mec, bien physiquement, je suis dans la taule de Ponia, cherche nana cool pour correspondre et lier amitié. Fille de flic s'abstenir.

Donne à sourd TV panne. Excellente image.

Jeune couple cherche partenaires aimant jeux de boules.

J'ai 21 ans, je voudrais rencontrer fille cool, pas trop jolie, même juive, écris-moi, je veux aimer...

Mon amie m'a prêté son appart et j'ai cassé son frigo, elle rentre sous peu et ça va chauffer, qui peut m'en céder un pas trop croulant, pour 300 ou 400 F maxi.

J'ai 30 ans, barbu, je suis homosexuel, je cherche à vivre avec des homos. Je vis avec mes chèvres dans l'Aveyron. Venez avec moi.

Aimerais entrer en contact avec camarades hygiéniques.

Mon appart est à la disposition d'une jeune fille sympathique. Condition unique : faire mon ménage et ma bouffe quand je suis là (c'est rare).

Sur la voie des mystères perdus, cherche à entrer en contact avec secte luciférienne, et plus spécialement avec adoratrices du Dieu de Lumière – Lucifer !

Mec super beau cherche jeunes filles très moches pour avoir un complexe de supériorité.

Tu étais à Saint-Florent, j'avais une inscription sur le bide. Si tu as aimé. Tu habites Bourges. Écris-moi, je voudrais te revoir.

Étudiant africain cherche nanas n'importe quel genre, quel lieu pour n'importe quoi.

Question aux droitiers : vous êtes-vous déjà branlé de la main gauche ?

Jeune femme ravissante cherche pauvre type pour lui donner des claques.

Votre chien sur Internet

Dogster,
un site lancé en janvier 2004, vous propose de créer une sorte de Myspace pour votre chien. À ce jour, 290 000 toutous ont leur propre page web. Le chihuahua, le labrador et le berger allemand arrivent en tête des chiens les plus représentés.

SUDOKU

Niveau difficile

	4		2				9	
	2	5				8		
8								4
	8	4			7			
		6	3	5	8	7		
			1			9	6	
3								9
		1				5	8	
	5				2		1	

Solution p 672

Britney Spears a accusé sa mère d'avoir couché avec son ex

Les rapports de Britney Spears avec sa mère sont pour le moins tendus. La chanteuse, affirmant la sournoiserie de sa maman, l'accuse d'avoir eu des relations sexuelles avec son ex-mari, Kevin Federline, pendant qu'ils étaient encore mariés, et ce, juste pour la blesser. Cette accusation est qualifiée de très improbable, selon les proches et amis du couple. Elle risque même de jouer en la défaveur de Britney, qui devrait à leurs yeux envisager de faire une thérapie. Federline en a profité pour déposer un recours pour obtenir un droit de garde égalitaire, voir même l'intégralité de la garde des enfants. Au vu des derniers événements, il est bien parti pour gagner.

Fleurs coupées

Coupez les tiges en biseau avant de les mettre dans l'eau. Recommencez au bout de trois jours.

Plongez un cachet d'aspirine effervescente dans l'eau, elle restera plus propre plus longtemps.

Laissez fondre un morceau de sucre au fond du vase, pour raviver les couleurs.

hi hi hihi

HUMOUR

Dobeuliou (Bush) et Tony (Blair) sont en grande discussion lorsque Chirac arrive.

— Vous semblez très occupés, chers collègues...

— On est en train de préparer la Troisième Guerre mondiale.

— Ah ? Vous en êtes où ?

— On n'a pas encore décidé les détails, mais la but est d'exterminer quatorze millions de musulmans et **UN INFORMATICIEN**.

— Un informaticien ? Pourquoi voulez-vous exterminer un informaticien ?

Blair regarde Bush :

— T'as vu ce que je te disais ? Personne ne nous posera de questions sur les quatorze millions de musulmans...

En moyenne, nous mettons moins de 7 minutes à nous endormir.

Nos cordes vocales se fatiguent plus vite si l'on chuchote que si l'on parle normalement.

Contrepèteries salaces

Coupez délicatement les nouilles au sécateur.

Un gros plaintif saoul.

Votre père a l'air mutin.

Solution

Coupez délicatement les couilles au sénateur.
Un gros sous-tif plein.
Votre mère a l'air putain.

À la messe

Dans une église, un homme doit ôter son chapeau, ne doit pas croiser les jambes ni mettre les mains dans ses poches. Seules les femmes sont autorisées à garder leur chapeau.

La vague de détente

Fermez les yeux. Imaginez une vague de décontraction prenant naissance dans les orteils et venant submerger tout votre corps. Détendez mentalement chaque orteil, puis vos pieds. Sentez cette vague gagner vos jambes, des chevilles aux cuisses, puis envahir les hanches et le ventre. Décontractez les fesses et sentez les tensions se retirer progressivement de toutes les parties de votre dos. Vous pesez sur le sol avec la sensation de vous y enfoncer.

Sentez la détente gagner votre poitrine et concentrez-vous sur votre respiration qui doit être lente et régulière.

Décontractez les doigts, passez aux mains, puis sentez se relâcher les bras, des poignets aux épaules.

Relâchez les épaules et sentez que la vague relaxante gagne votre cou et votre visage.

Détendez le visage : desserrez les mâchoires. Laissez votre langue reposer sur la partie inférieure du palais.

Relâchez les tensions autour des oreilles. Essayez de détendre le menton, les joues, puis les yeux et les sourcils et enfin le front et le sommet du crâne.

Enfin, essayez de faire le vide mental total, en écartant toutes vos pensées ou vos préoccupations.

Maintenez cet état de relaxation totale pendant 5 à 10 minutes.

Trouver l'intrus

Apaiser

Alléger

Indurer

Macérer

Tempérer

Solution

Indurer est le seul mot qui veut dire durcir.

Au bureau

Dans la vie en entreprise aussi, il existe des règles de savoir-vivre et des protocoles à connaître. Bien entendu, ces règles sont plus ou moins en vigueur selon la taille de la société et la personnalité du responsable ou du directeur.

Comment s'appeler ?

Le tutoiement d'un supérieur ne se fera qu'à sa demande et ne doit en rien conduire à une familiarité ou amputer le respect qui lui est dû.
Pour les autres, les règles varient en fonction des rapports d'intimité que l'on entretient avec ses collègues, de l'âge de l'interlocuteur, ou des usages de l'entreprise.
Si vous pouvez appeler un collaborateur par son prénom ou Monsieur + son nom de famille (formule d'appel tolérée dans la vie professionnelle, mais très mal vue dans la vie courante), évitez d'appeler quelqu'un seulement par son nom, c'est familier et cela dénote une pointe de mépris.

Comment se comporter ?

Dire bonjour et au revoir,
Respecter les horaires établis et être ponctuel à ses rendez-vous ;
Frapper à la porte avant d'entrer dans un bureau et se lever lorsque quelqu'un arrive dans son bureau ;
Ne pas s'investir dans les ragots, mais participer à la vie collective du bureau de façon positive (pot, etc.) ;
Ne pas abuser du téléphone, de l'Internet ou de la photocopieuse pour son usage personnel ;
Ne pas toujours refuser de déjeuner avec les autres, mais ne pas insister pour déjeuner avec une personne qui n'y tient pas.

Règles de respect

Un employé est prié de traiter avec respect les personnes qui occupent des postes inférieurs, et respectera de même sa hiérarchie même s'il n'est pas toujours d'accord avec les décisions prises. Enfin, il évitera de dénigrer ses collaborateurs, surtout devant ses supérieurs.
Un responsable saura manifester son estime à l'égard de ses subordonnés, et même les remercier pour la réalisation d'un travail n'entrant pas dans la définition de leurs fonctions. Il n'abusera pas avec eux des réunions tardives afin de leur permettre de se libérer à temps, et tâchera d'être attentif à leurs modes de vie professionnel et personnel.

Fast-foods

Dans le monde,
on peut trouver :

30 000 MacDonalds
12 000 Burger King
11 000 Pizza Hut
500 Quick

DENTIFRICE MAISON

On peut créer un dentifrice maison en mélangeant du bicarbonate de sodium du carbonate de calcium. Ce dernier produit est en vente dans certaines pharmacies.

Test

Quel pouvoir exercez-vous ?

Vous êtes le(a) seul(e) à tout faire, dans la maison.

■ Vous menacez votre moitié de faire une grève du ménage sans préavis.

◆ Vous soufflez, vous plaignez que vous avez mal au dos, que vous êtes fatigué(e)...

❍ Vous faites un deal : il (elle) fait le ménage et vous lui ferez une gâterie.

● Vous vous y mettez quand même, pour faire exemple.

Vous n'êtes pas d'accord avec un collègue quant à un problème technique :

❍ Vous lui donnez raison pour éviter le conflit.

■ Vous défendez votre opinion bec et ongles.

● Vous tentez d'avoir le dernier mot.

◆ Vous demandez son avis à une tierce personne.

Quelle est la plus grande qualité pour diriger une équipe ?

● Argumenter ses décisions pour bien les faire comprendre.

◆ Savoir provoquer l'adhésion.

■ Avoir de l'autorité.

❍ Etre aimé.

On vous critique dans votre travail :

◆ Vous demandez leur avis à d'autres personnes, pour savoir si la critique est justifiée.

❍ Vous culpabilisez et vous remettez en question.

■ Sûr(e) de vous, vous continuez à suivre votre ligne.

● Vous écoutez, puis pesez le pour et le contre.

Votre lave-vaisselle tombe en panne :

■ Vous lancez que la vaisselle ne va pas se laver toute seule.

● Vous le (la) plaignez à l'idée de passer son samedi chez darty.

◆ Vous essayez de réparer la panne ensemble.

❍ Vous appelez votre papa au secours.

On tire les rois au bureau et vous tombez sur la fève :

❍ Vous avalez la fève pour ne pas avoir à porter cette couronne ridicule.

■ Vous criez de joie et décidez de porter la couronne toute la journée.

● Vous resservez du champagne à tout le monde pour trinquer.

◆ Vous le chuchotez à vos plus proches collègues qui annoncent la nouvelle à votre place.

Vous devez choisir un roi (une reine), vous couronnez :

● La personne avec laquelle vous êtes proche.

■ Votre chef de service.

◆ Le(a) jeune stagiaire un peu paumé(e).

❍ Vous tenez à garder le trône pour vous seul(e) pour ne pas avoir à choisir quelqu'un.

Votre chef vous propose de former une équipe pour une mission :

● Vous lui demandez conseil sur le choix de vos coéquipiers.

◆ Vous réunissez vos collègues pour les inviter à vous rejoindre.

❍ Vous demandez un complément d'information avant de vous décider, afin de savoir si vous risquez votre carrière.

■ Vous lui réclamez avant tout une promotion.

Résultats

Majorité de ■

Le pouvoir que vous exercez repose avant tout sur l'institution. Vous avez évidemment choisi un poste à responsabilités, car vous aimez diriger. Mais attention, toutefois, car vous avez parfois tendance à confondre autorité et autoritarisme. Vous pouvez en effet vous mettre de mauvaise humeur, simplement parce que vos directives sont contestées ou non suivies. Vous remettez-vous en question dans ces cas-là ? Non, puisque c'est vous qui avez le pouvoir. Vos décisions sont irrévocables et ceux qui vous mettent des bâtons dans les roues ne sont que des jaloux. Apprenez à vous modérer et à expliquer vos choix, car si vos subordonnés vous craignent, ils ne vous prennent pas au sérieux pour autant.

Majorité de ●

Pour vous, le pouvoir est d'abord affaire de référence. Il est important pour vous que le pouvoir soit basé sur l'expérience, puisqu'il gagne en crédibilité. D'ailleurs, vos collègues viennent souvent vous demander conseil. Lorsqu'il s'agit de situations que vous connaissez bien, pas de problème, mais si c'est un problème que vous n'avez jamais abordé, il peut vous arriver de perdre pied, et même de céder à la panique. Du coup, vous avez tendance à vous reposer un peu sur les autres. Mais pourquoi pas ? C'est le système du donnant donnant. Sachez toutefois prendre un peu de recul et gérer des situations nouvelles, comme s'il s'agissait de défis, vous vous ennuierez moins dans votre travail.

Majorité de ◆
Le pouvoir que vous exercez est avant tout charismatique. On peut le dire, vous êtes un(e) leader. Jouant à la fois sur l'expérience, la collaboration et la motivation, vous savez exactement comment faire pour convaincre et faire adhérer les autres à votre cause. Tout le monde a envie de vous suivre, et ce aussi parce que vous analysez correctement les situations. Mais votre problème à vous, c'est que l'action doit être partout. Sinon, vous vous sentez inutile et commencez à vous demander ce que vous fichez là. Sachez vous poser, même au bureau, et n'organisez pas des cessions "ménage" si vous n'avez rien d'autre à faire, on ne vous suivra pas sur ce coup-là.

Majorité de ❍
Le pouvoir que vous exercez le mieux est celui qui repose sur… la tranquillité ! Le sens de l'autorité, en effet, ce n'est pas trop votre truc. D'autant qu'il existera toujours quelqu'un pour aimer prendre des décisions et des responsabilités. Vous les suivrez sans problème, même si vous n'êtes pas tout à fait d'accord. Vous aimez votre job, mais pas l'ambition. Cependant, cette attitude vous mettra en danger si votre patron décide de vous bousculer un peu et de vous confier de nouvelles tâches. Saurez-vous ne pas céder à la panique, si votre petit environnement s'en trouve chamboulé ?

Enigme

Benjamin est fainéant : il ne regroupe jamais ses chaussettes par paires. Dans son tiroir, il y a douze chaussettes blanches, dix noires et huit bleues. Il est en retard et doit trouver une paire unie, mais l'ampoule de son studio vient de casser et il est dans le noir. Combien de chaussettes au minimum doit-il sortir de son tiroir pour être sûr de trouver deux chaussettes de la même couleur ?

Solution

Puisqu'il existe des chaussettes de trois couleurs différentes, en sortant quatre chaussettes, Benjamin est sûr d'avoir au moins deux chaussettes de la même couleur.

L'expression "Je m'en lave les mains"

Chez les Romains, le geste de se laver les mains devant le peuple, lorsqu'on était politicien, était répandu. Il symbolisait la pureté et l'innocence. Mais c'est Pilate qui rendit l'expression célèbre en s'innocentant de l'assassinat du Christ, signifiant ainsi que ce n'était pas ses affaires et qu'il n'y était pour rien.

Massage contre la migraine

PINCEZ-VOUS LES OREILLES AU NIVEAU DE L'ATTACHE AVEC LE CRÂNE, PUIS MASSEZ PENDANT QUELQUES MINUTES, JUSQU'À CE QUE LA DOULEUR DISPARAISSE.

Un cosmonaute soviétique revient d'un gigantesque voyage dans tout le système solaire et ses planètes. Il est triomphalement accueilli par le gouvernement en grand apparat :
En lui donnant l'accolade, Gorbatchev lui demande à l'oreille :
— Camarade, tu dois maintenant le savoir : as-tu rencontré **DIEU** dans l'espace infini ?
Et le cosmonaute hoche la tête, navré :
— Oui camarade, désolé, mais j'ai rencontré Dieu...
— Je m'en doutais, répond le président. C'est une catastrophe ; mais promets-moi de ne le dire à personne !
L'autre promet. Un peu plus tard, au cours d'une tournée mondiale auprès des grands chefs d'état, il rencontre le pape lors d'une entre vue privée, qui lui demande :
— Mon fils, vous qui avez parcouru l'univers, dites-moi : avez-vous rencontré **DIEU** ?
Le cosmonaute se rappelle la promesse faite à Gorby, et répond :
— Hélas, Saint-Père, non, je n'ai pas vu la moindre trace de Dieu...
Et le pape murmure tristement :
— Je m'en doutais. C'est une catastrophe ; mais promettez-moi de ne le répéter à personne...

La jalousie...

Il y a dans la jalousie plus d'amour-propre que d'amour.

François de LA ROCHEFOUCAULT

C'est étonnant comme la jalousie qui passe son temps à faire des petites suppositions dans le faux a peu d'imagination quand il s'agit de découvrir le vrai.

Marcel PROUST

Je l'aime trop pour en être jaloux. J'ai pris le parti d'en être fier.

Pierre Choderlos de LACLOS

Un jaloux trouve toujours plus qu'il ne cherche.

Madeleine de SCUDERY

La jalousie part toujours d'une profonde ignorance.

François de LA ROCHEFOUCAULT

Job d'été

Alors qu'il était étudiant à Marseille, Jean-Marc Morandini a travaillé chez Mac Donald. Il a été préposé à la cuisson des frites pendant sept mois.

Coup de pouce

Pour la période de programmation 2000-2006, la somme versée à la France par le fonds social européen (FSE) s'élève à 6 855 millions d'euros.

SUDOKU

Niveau facile

2		6				7		
		4		6				9
	1		5		4	8	3	
4			9	7			6	
5		9	6	3	1	2		
	7				2			5
			2	4		5		
7		2						1
3	6	5	8				9	2

Solution p 673

Pourquoi les hommes mariés prennent du poids alors que les célibataires restent maigres ?

Les célibataires ouvrent leur frigo, n'y trouvent rien qui leur plaise, alors ils retournent au lit.

Les hommes mariés vont au lit, n'y trouvent rien qui leur plaise, alors ils vont au frigo.

AVEC LES ANNÉES, JE PRÉFÈRE MON FRIGO À MON LIT...
IL Y A AUTANT DE MATIÈRE GRASSE DEDANS... MAIS C'EST PLUS APPÉTISSANT !
ZZZ... ZZZ...
Saline WOURRIT

Réduire la consommation du réfrigérateur

Pour économiser la consommation électrique de votre réfrigérateur et de votre congélateur, laissez refroidir les aliments avant de les mettre au frais.

Vérifiez que les aliments qui contiennent beaucoup d'humidité sont couverts (tupperware ou autres) car l'humidité dégagée fait travailler votre réfrigérateur.

Avions

Selon les statistiques, avant d'avoir un accident d'avion sur une ligne intérieure américaine, il faudrait prendre l'avion tous les jours pendant 19 000 ans. En effet, il y a plus de morts causées par des ânes par an que par des accidents d'avion. Il est cependant établi qu'on a plus de chances de survivre à un accident d'avion lorsque l'on est assis à l'arrière de l'appareil. En effet, les risques d'accidents sont les plus grands au décollage et à l'atterrissage, et l'on y est plus à l'abri à l'arrière.
Dans le monde, toutes compagnies aériennes réunies, on compte 17 000 avions en activité. 4 000 avions sont toujours en vol.

WC-stretching : étirement du bassin et de l'aine

Assis par terre, les plantes des pieds l'une contre l'autre, maintenez le dos droit et posez vos mains paumes contre le sol en avant des pieds. Basculez le bassin en pliant la taille (et non en arrondissant le dos), descendez jusqu'à ce que vous sentiez l'efficacité de l'étirement des muscles de l'aine et des adducteurs. Maintenez cette position pendant 20 à 30 secondes, tout en veillant à garder les épaules et la nuque dans le prolongement du dos.

FLASH INFO :

Grave attentat terroriste à Paris. Un Belge a attaqué la tour Montparnasse en deltaplane. Bilan : 1 mort.

La scène se passe à New York. Un gosse de huit ans entre dans un magasin et demande au vendeur :
— B'jour m'sieur. Je voudrais un fusil et un paquet de cigarettes.
Et le vendeur lui répond :
— **TON PÈRE SAIT-IL QUE TU FUMES ?**

Angel, le parfum des stars

Nicole Kidman, Elton John, Britney Spears et Hillary Clinton ont tous un point commun : ils portent le parfum Angel de Thierry Mugler, numéro 1 des ventes en France.
Angel a en effet marqué une révolution dans l'univers de la parfumerie. Thierry Mugler, en lançant son premier parfum en 1992, a ouvert une nouvelle voie dans la parfumerie en créant une fragrance d'inspiration gourmande et orientale à base de chocolat et de barbe à papa.

La responsabilité écologique au quotidien

Voici un certain nombre d'idées écologiques qui vous réconcilieront à la fois avec vos factures, votre environnement et vous-même.

- Demander à votre fournisseur d'électricité l'adoption d'un programme d'efficacité énergétique.
- S'engager dans un groupe environnemental local qui pose diverses questions quant à la pollution et aux programmes de recyclage dans la collectivité.
- S'il y un problème particulier lié à l'environnement dans la collectivité, se mobiliser pour faire changer les choses.
- Organiser le nettoyage des berges ou de la plage.
- Faire du vélo ou marcher plutôt que d'utiliser la voiture ou les transports en commun.
- Organiser dans votre quartier un programme de plantation d'arbres (en réquisitionnant un terrain vague), ou investissez avec vos voisins le toit de l'immeuble pour en faire un jardin.

mots croisés

Horizontalement

1. Etat de Tirana - Un ou deux euros.
2. Résidence de George Bush (deux mots).
3. Rayons dangereux - A l'envers : vente du poisson.
4. Fais couler du mauvais côté - Patrie de Sherlock Holmes.
5. Un sacré galopin.
6. Chemin de fer - Plus haut dans l'autre sens.
7. Accorda - A l'envers : faire comme une fleur.
8. Condition - Fait des bulles - Pronom - Double consonne.
9. Il donne bonne mine.
10. Etablissement de comptes - Deux romain.
11. Commun, c'est une banalité - Donne du brillant.
12. Canal des marais salants - Concevoir automatiquement.

Verticalement

1. Serviras de bouffon - Céréale ou oseille.
2. Fait du propre - Mettait en couches.
3. Début de biographie - Slip en pagaille - A l'envers: Victoire napoléonienne.
4. Un signe pour Elizabeth Tessier.
5. Drame japonais - Article espagnol - Vu dans la presse.
6. Impossible à louper.
7. Eberlué au début - Cube - Index général.
8. Joie populaire - Tête haute.
9. Explorer - A la mode.
10. Ne peut pas sécher ses larmes.
11. Le début de l'école - Série limitée - Iridium
12. La spécialité de Bison Fûté (deux mots).
13. A l'envers : prince grec - Il arrive toujours à la fin.

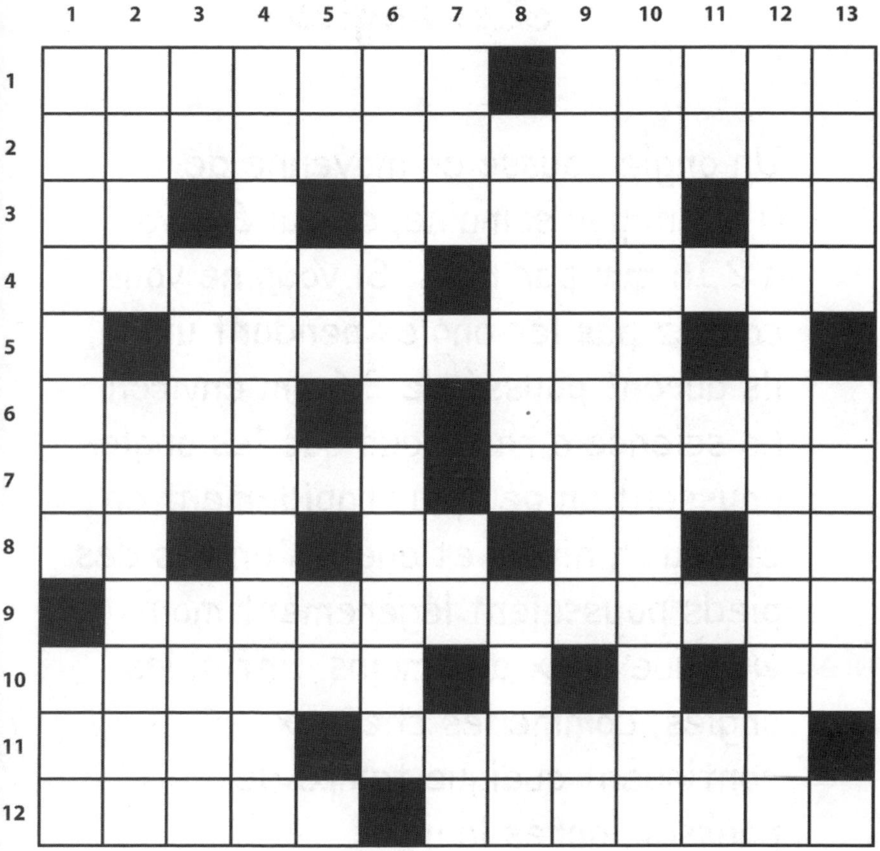

Solution p 676

Les ongles

Un ongle pousse en moyenne de 0,5 mm par semaine, ce qui équivaut à 2,16 mm par mois. Si vous ne vous coupez pas les ongles pendant un an, ils auront poussé de 2,6 cm environ. La science a remarqué que les ongles poussent un peu plus rapidement en été qu'en hiver, et que les ongles des pieds poussaient légèrement moins vite que ceux des mains. Enfin, les ongles, comme les cheveux, continuent quelque temps de pousser, après la mort.

Exfoliant naturel

Plutôt que d'utiliser
un exfoliant qui coûte
une fortune, prenez une
poignée de sucre en poudre
à laquelle vous ajouterez
un peu d'huile pour le corps.
Massez vous avec le mélange.
Rincez bien.
Le résultat est tout
aussi bon.

Les femmes et le tabac

Entre 15 et 39 ans, une Française sur deux fume. Le tabac est une drogue idéale pour les femmes : la nicotine est un coupe-faim parfait, lorsqu'on fait un régime, mais aussi un tranquillisant, or les femmes sont plus sensibles à l'anxiété. Aujourd'hui, le tabac est directement responsable de 5 000 décès féminins en France. Une étude progressive montre qu'on en sera à 50 000 d'ici trente ans.

Une Allemande a vécu 55 ans avec un crayon dans la tête

Margaret Wegener, une Allemande de 59 ans a vécu presque toute sa vie avec un crayon enfoncé dans la tête. Lorsqu'elle avait 4 ans, elle a chuté sur un crayon qu'elle tenait dans sa main et qui s'est enfoncé de huit centimètres dans son crâne. " Il a traversé ma peau et disparu dans ma tête. La douleur m'a rendue folle ", a-t-elle a expliqué aux journalistes.
La présence du crayon n'a heureusement pas endommagé les zones vitales de son cerveau, mais lui provoquait des saignements de nez ainsi que des maux de tête quotidiens. Pendant une cinquantaine d'années, les avancées dans le domaine de la chirurgie crânienne ne lui permettaient pas d'être opérée sans risque.
C'est aujourd'hui chose faite, grâce à un groupe de chirurgiens d'une clinique privée de Berlin, qui ont relevé le défi.
Suite à une opération de plus de 6 heures, la majeure partie du crayon, environ 8 centimètres a pu être retirée. La quinquagénaire est ressortie du bloc avec encore dans la tête un morceau de deux centimètres qui n'a pu être ôté, mais qui ne devrait pas altérer la santé de la patiente. Les médecins ont d'ailleurs un pronostic très optimiste, notamment à propos des migraines qui auraient déjà disparu.

Deux petits Somaliens discutent entre eux :

— J'en peux plus, on crève de faim, ici ! Et dire qu'à Nice les enfants s'empiffrent de sandwichs et de sucreries sur la plage... Tant pis, j'y vais !

Alors il se jette à l'eau et entame un long et très éprouvant voyage. Il traverse tout d'abord la mer Rouge, prend le canal de Suez et finit par remonter la Méditerranée. Il arrive enfin complètement épuisé sur une des plages de Nice. Là, il se mélange à un groupe d'enfants. Il ne lui reste que la peau sur les os, car il a perdu dix kilos ! Là-dessus une femme arrive vers le petit groupe et crie aux enfants :

— Qui n'a pas mangé ?

Tout joyeux, le petit Somalien s'écrie :

— **MOI, MOI, MOI !**

— alors c'est bon... Tu peux aller te baigner...

Sur la route

Jack Smith aimait tellement son skateboard qu'il s'en est servi pour traverser les Etats-Unis. Il lui a fallu 26 jours.

L'Américain Brad Hauter a parcouru 6500 km en 51 jours sur sa tondeuse à gazon. Il a traversé 16 états des Etats-Unis.

Plagiat de silence

Mike Batt, un musicien anglais a intégré à l'un de ses morceaux une minute de silence. Il a été poursuivi par le John Cage Trust, qui gère les droits du compositeur mort en 1952. Selon la fondation, Mike Batt aurait plagié un morceau totalement silencieux de Cage intitulé "4,33". Ce dernier a perdu le procès et se retrouve condamné à verser des indemnités à la fondation.

Le jeu d'échecs

Les échecs ont été inventés au VIe siècle en Inde. Introduit en Iran, le jeu fut adopté par les Arabes au VIIe siècle, qui le firent découvrir au bassin méditerranéen. C'est un jeu de bataille dont les significations sont guerrières.

- **Les pions** : les soldats de l'armée de terre (les mamelouks).

- **Le cheval** : le cavalier.

- **Les tours** : placées sur le dos des chameaux, abritaient les princes, qui voyageaient ainsi à l'ombre, protégés par un archer.

- **Le fou** : l'officier (ou alfil, mot qui se transforma en fil, puis fol, mot qui veut dire " fou " en ancien français).

- **La reine** : désigne au départ le firzan, le conseiller du roi. Comme pour le fou, le mot évolua : il devint firz, puis fiers, fers, pour devenir vierge et enfin "reine".

- **Le roi** : pièce maîtresse du jeu, le roi ne pouvait pas se défendre lui-même (sur l'échiquier, le roi n'a que très peu de marche de manœuvre et ne peut se déplacer facilement). Il était donc l'objet de toutes les attentions par les officiers, qui devaient le protéger à tout instant.

Quelle différence y a-t-il entre Ayrton Senna et les Allemands de l'Est ?

LES ALLEMANDS DE L'EST ONT CASSÉ LE MUR AVANT DE LE FRANCHIR.

Enigme

En vous rendant à un match OM-Saint-Étienne, vous croisez une famille de trois enfants accompagnés d'un chien habillés au couleurs de Marseille, et six garçons habillés de vert (les couleurs de Saint-Étienne) chacun accompagné de sa petite amie, sauf un. Combien de ces personnes que vous avez croisées se rendent au match ?

Solution

Vous seul : vous les avez croisés, ils n'allaient donc pas au match.

Odeurs

Odeur de friture
Posez un bol de vinaigre blanc à côté de votre poêle.

Odeur de poubelle
Déposez une poignée de litière pour chat au fond de votre sac-poubelle.

Mauvaises odeurs dans les chaussures
Saupoudrez la semelle de bicarbonate de soude. Laissez reposer une nuit, et époussetez le lendemain matin.

Odeur de fromage
Déposez une tranche de thym sous votre cloche, dans votre tupperware ou sur votre assiette à fromage.

Odeur dans les tuyauteries
Versez une fois par semaine le marc de votre café, ainsi qu'un litre d'eau bouillante.

Vin

Ne jamais laisser une femme servir le vin.

De même, ne servez jamais en tenant la bouteille par au-dessous. Seuls les serveurs sont autorisés à le faire, et ce pour montrer l'étiquette.

Le verre de vin ne se remplit qu'à moitié.

Ne proposez du vin qu'après le potage.

Anatomie

Notre sang circule dans 100 000 km de vaisseaux environ.
Nous naissons avec un squelette composé de 300 os, mais il nous en reste que 206 à la fin de notre vie.
Le gros intestin produit entre 8 et 11 litres de gaz par jour. La plupart est absorbée par les parois intestinales. Le reste, soit environ 1 litre, est expulsé par l'organisme. C'est ce qu'on appelle communément les pets.
La plus grosse cellule du corps humain est l'ovule.
L'émaille dentaire est la substance la plus résistante produite par le corps.
Notre peau, lorsque nous sommes adultes, pèse entre 4 et 7 kilos.
Le petit croissant blanc à la base de l'ongle appelé lunule est en réalité une petite poche d'air. sa présence n'a aucune raison d'être. La science n'a toujours pas réussi à expliquer pourquoi elle se forme et à quoi elle sert.
L'estomac humain est tellement acide qu'il faudrait diluer 400 fois les sucs gastriques pour obtenir le même degré d'acidité que dans le Coca-Cola.

MOSHE ET AHMED, un Israélien et un Palestinien, se retrouvent assis par hasard côte à côte dans un Boeing. Ambiance tendue...

Afin de se montrer courtois et conciliant, le Palestinien demande à son voisin, qui est du côté couloir :

— Serait-ce abuser que de vous demander de me rapporter un verre de jus de pomme ?

— Pas de problème, cher monsieur ! réplique l'Israélien, qui se lève et va chercher le verre.

L'autre en profite pour cracher discrètement mais abondamment dans les chaussures que son voisin a laissées là.

Arrivés à destination, Moshe remet ses chaussures et s'aperçoit de la perfidie :

— Cher monsieur, je ne crois pas que la paix soit encore possible entre nos peuples. Vous comprenez, tant que les Palestiniens cracheront dans les chaussures des Israéliens, et tant que les Israéliens pisseront dans le jus de pomme des Palestiniens...

“Citations”

Perles d’Eve Angéli

On prend l’avion demain à la même heure que ce soir, mais le matin.

Les arbres qui n’ont plus de feuilles en hiver, ils continuent à faire de l’oxygène ? Sinon on risque de manquer d’air, en hiver...

La première fois que j’ai posé nue, c’était pour la bonne cause. C’était pour soutenir les bègues qui bégayent.

Ça doit être affreux de mourir collé...

Je ne comprends pas, j’ai les yeux qui font de la buée sur les lunettes !

Je ne dors pas par nécessité mais par besoin.

Les animaux et moi, c’est une symbiose. J’aimerais tellement des fois que ce soit pareil avec les êtres humains !

Le poulet que tu achètes en grande surface, tu ne le connais pas personnellement.

Ils ont fait tout un patafoin !

Une diagonale de 130 cm, ça veut dire que ton écran de télé est en losange ?

Mon rôle maintenant, ça va être de réfléchir à voix basse... Dans ma tête.

Vous savez, c’est pas depuis que je suis blonde que je dis des bêtises ! Quand j’étais brune, j’en disais déjà pas mal !

Record du nom d'émissions

L'INPI, la société où l'on dépose les noms d'émissions, détient 228 fiches au nom d'Ardisson. En effet, dès que Thierry Ardisson a une idée d'émission, il en dépose le nom.

Arrêtez de penser !

Une fois par jour, essayez de ne pas penser, c'est-à-dire de ne pas laisser l'esprit vagabonder dans tous les sens. L'esprit a en effet une tendance naturelle à reproduire l'agitation permanente qui nous entoure (travail, bruit, enfants, etc.). Tentez à l'inverse de le canaliser, de l'orienter dans une direction. Essayez de faire le vide absolu, et de ne penser à rien, pas même au fait de penser à rien ! Au départ, on pense que l'on n'y parviendra jamais. Avec la pratique, cela devient de plus en plus aisé.

L'emballage améliore le goût

Dès 3 ans, les enfants reconnaîtraient un emballage de fast food comme une garantie de bon goût. En effet, une étude réalisée sur des enfants de 3 à 5 ans a montré que certains aliments testés sur eux auraient meilleur goût lorsqu'ils sont présentés dans des paquets provenant d'une grande enseigne de fast food que lorsqu'ils sont simplement disposés sur une assiette. C'est notamment le cas des frites, des croquettes de poisson ou de poulet pané, mais aussi des... carottes. Voilà comment faire manger des légumes à nos enfants !

La première victime de la route

La voiture a fait sa première victime à Londres, le 17 août 1896. Une dame qui se rendait au théâtre a été renversée et tuée par une voiture. L'autopsie et une enquête judiciaire ont démontré que la victime était en tort. Elle avait manqué de prudence. L'automobiliste, lui, ne roulait pas trop vite. Il ne pouvait dépasser les 6 km/h puisqu'à l'époque, les voitures étaient incapables de rouler plus vite...

Éviter les éclaboussures de peinture

Avant de peindre des portes ou des meubles en bois, enduire les poignées de gelée ou d'huile de paraffine. Les éclaboussures seront alors très faciles à enlever.

Jeu

Contrepèteries salaces

Ce despote cherche à stocker les populations, mais pas question de laisser trouer nos flics.

Mort écrasé sous la botte de Staline.

Solution

Ce despote cherche à stopper les populations, mais pas question de laisser flouer nos triques.
Mort écrasé sous la bite de Staline.

Laxatifs

50 millions de boîtes de laxatifs sont officiellement vendues chaque année en France.

Secrets de beauté de Britney Spears

La jolie poupée Britney Spears a connu une descente fulgurante ces derniers temps, surtout après son accouchement qui l'aurait laissée avec 20 kilos à perdre. D'autant qu'elle a décidé au printemps 2007 de se raser la tête, ce qui ne la met pas à son avantage. Tout ce qu'on sait des secrets de beauté de la star est qu'elle porte le parfum Angel, de Thierry Mugler, qu'elle ferait 300 abdos par jour et qu'elle n'achète que des gloss de chez MAC.

ALLÔ ?...MONIQUE ?
DEVINE D'OÙ JE
T'APPELLE ?!
SCHPLAOUF!
Monique cherche un mec romantique 04.91.72.13.12
Salim NOURRIT

Les ponts de Paris

Paris comporte 37 ponts au-dessus de la Seine. Les voici, d'amont en aval du fleuve :
Pont Amont
Pont National
Pont de Tolbiac
Passerelle Simone-de-Beauvoir, inaugurée le 13 juillet 2006
Pont de Bercy (comprenant un étage ferroviaire pour la ligne 6 du métro parisien et un étage pour la circulation automobile) ;
Pont Charles-de-Gaulle (1996)
Viaduc d'Austerlitz (pont ferroviaire emprunté par la ligne 5 du métro)
Pont d'Austerlitz
Pont de Sully (qui traverse la pointe est de l'Île Saint-Louis)
Pont de la Tournelle (entre la rive gauche et l'Île Saint-Louis)
Pont Marie (entre l'Île Saint-Louis et la rive droite)
Pont Louis-Philippe (entre l'Île Saint-Louis et la rive droite)
Pont Saint-Louis (piéton, entre l'Île de la Cité et l'Île Saint-Louis)
Pont de l'Archevêché (entre la rive gauche et l'Île de la Cité)
Pont au Double (entre la rive gauche et l'Île de la Cité)
Pont d'Arcole (entre l'Île de la Cité et la rive droite)
Petit-Pont (entre la rive gauche et l'Île de la Cité)
Pont Notre-Dame (entre l'Île de la Cité et la rive droite)

Pont Saint-Michel (entre la rive gauche et l'Île de la Cité)
Pont au Change (entre l'Île de la Cité et la rive droite)
Pont Neuf (qui traverse la pointe ouest de l'Île de la Cité, le plus ancien, construit entre 1578 et 1607)
Passerelle des Arts (piétonne)
Pont du Carrousel
Pont Royal
Passerelle Léopold-Sédar-Senghor (1999) (piétonne, ancienne Passerelle de Solférino, renommée en 2006)
Pont de la Concorde
Pont Alexandre-III
Pont des Invalides
Pont de l'Alma
Passerelle Debilly (piétonne)
Pont d'Iéna
Pont de Bir-Hakeim (traversant l'île des Cygnes et comprenant un étage ferroviaire pour la ligne 6 du métro et un étage pour la circulation automobile)
Pont Rouelle (viaduc ferroviaire de la ligne C du RER traversant l'Île des Cygnes (Paris)
Pont de Grenelle (traversant l'île des Cygnes)
Pont Mirabeau
Pont du Garigliano
Pont aval (emprunté par le boulevard périphérique, à la sortie du fleuve de la ville)

SUDOKU

Niveau moyen

3		9		5			2	4
1			7		3	6		5
		7			9		8	
9	7	4		3				
5		2		8		4		9
				1		2	5	
4			8		6			3
		3	2		1			
6		1				8	7	

Solution p 673

La relaxation dynamique

Asseyez-vous confortablement, les pieds bien décontractés et écartés d'environ 50 centimètres. Vos bras, également bien relâchés.

Détendez vos mains en laissant les doigts se refermer très légèrement. Fermez les yeux. Respirez calmement et régulièrement.

Levez la jambe droite à 5 centimètres du sol, tendez les muscles puis relâchez et laissez le pied retomber doucement. Levez ensuite la jambe gauche, tendez-la et reposez-la.

Placez le bras droit à l'horizontale, fermez le poing, puis détendez la main et laissez-la retomber doucement. Répétez cet exercice avec la main gauche. Soulevez le bassin au-dessus du sol et efforcez-vous de contracter les muscles des fesses le plus possible. Tenez la position pendant 10 secondes puis relâchez.

Tendez votre poitrine au maximum. Tenez cette position 10 secondes, avant de la relâcher.

Haussez les épaules. Puis tendez-les en vous efforçant de les rapprocher le plus possible l'une de l'autre. Tenez la position 10 secondes, puis relâchez.

Faites rouler votre tête de gauche à droite, en posant alternativement l'une et l'autre oreille au sol.

Répétez l'exercice 2 à 3 fois puis ramenez la tête au centre.

Réparer une fêlure sur un verre

Pour réparer une
petite brèche sur le bord
d'un verre ou d'une tasse,
poncer la brèche
avec un papier sablé moyen.
La brèche se verra beaucoup
moins et surtout ne sera plus
coupante.

Ce Parisien s'est résolu à passer des vacances en Corse, et finalement il est bien accepté par ses voisins, qui sont tous corses. Il se sent assez bien intégré, mais un jour, à l'heure de l'apéritif, on le voit sur la place du village, l'air contrarié.

— Qu'est-ce qui t'arrive ? Quelqu'un t'a manqué de respect ?

— Non, mais **J'AI ÉTÉ VOLÉ**...

— Comment, ça, volé ? Qui t'a volé ? et quoi ?

— Eh bien, je me baignais à la rivière, et il me semble qu'**UN SUISSE** m'a volé ma **MONTRE CORSE**...

— L'émotion te trouble l'esprit, dit un voisin. Tu veux dire qu'**UN CORSE** t'a volé ta **MONTRE SUISSE**.

— Ah ? c'est bien possible, fait le Parisien. En tout cas, **C'EST PAS MOI QUI L'AI DIT...**

Du soleil pour la santé et la vitalité

La lumière est essentielle et même vitale pour notre rythme biologique. D'où ce syndrome de dépression saisonnière qui nous prend à la fin de l'hiver, quand il s'est fait rare trop longtemps. Pour 10 % d'entre nous, cela peut aller jusqu'à une dépression, avec un cortège variable de symptômes plus ou moins psychosomatiques.

C'est l'épiphyse, une glande hormonale située dans le cerveau, qui commande la production de la mélatonine, une sorte de somnifère naturel. La mélatonine est en effet produite lors des phases d'obscurité pour permettre à notre corps de disposer d'un temps de repos et de récupération suffisant. Le matin, en passant par la rétine, la lumière du soleil agit sur l'épiphyse qui fait cesser la production de mélatonine. Si la luminosité est insuffisante, la production se poursuit. D'où nos coups de fatigue en hiver.

On s'expose en réalité très peu à la lumière du soleil qui, en hiver, est déjà rare. Quant à la lumière artificielle émise par les lampes, son intensité est nettement insuffisante pour avoir le moindre effet significatif sur l'épiphyse, donc sur la production de mélatonine : le niveau de luminosité obtenu avec un éclairage artificiel moyen correspond à celui d'un coucher de soleil. Il est de 10 à 100 fois inférieur à l'intensité de la lumière solaire naturelle, y compris par temps couvert et gris...

Le manque de soleil se traduit aussi par un déficit en vitamine D, une hormone qui permet la fixation du calcium sur les os et dynamise le système endocrinien, l'immunité et la force musculaire. Elle a aussi pour effet de nous redonner le moral. Synthétisée par la peau sous l'action du soleil, on la trouve dans certains aliments (le foie de poisson, le jaune d'œuf notamment), en trop faible quantité pour couvrir nos besoins. En revanche, un bon quart d'heure d'exposition au soleil, du visage et des mains, suffit à "faire le plein", même par temps couvert.

Donc, pour être de bonne humeur, rien ne vaut un bon bain de soleil, même s'il est couvert !

Vol de téléphones en Malaisie

Les dirigeants de Télékom Malaysia, qui étaient chargés de l'enquête sur la disparition de 9 000 téléphones publics à travers le territoire, ont enfin élucidé l'affaire. Les combinés ont été subtilisés par des pêcheurs pour appâter le poisson. En effet, reliés à des accumulateurs et plongés dans l'eau, les micros des téléphones produisent grâce à l'électricité un son aigu qui attire les poissons dans les filets.

Source : Courrier International, hors série, 2006

Le permis de conduire : quelques chiffres

Selon les estimations, entre **700 000 et 2,5 millions** d'automobilistes conduisent sans permis.

8 millions de points de permis de conduire ont été retirés en 2006, contre 3 millions en 2002.

70 % des retraits de points concernent des conducteurs de sexe masculin.

60 % des infractions relevées en 2006 ont engendré un retrait d'un seul point. Elles concernaient pour la plupart des excès de vitesse de moins de 20 km/h détectés par les radars.
Les grosses infractions, qui engendrent une retrait de 6 points (excès de vitesse et alcoolémie) ont aussi augmenté en 2006 : **161 000** contre 155 en 2005.

4 709 tués sur les routes en 2006, soit deux fois moins qu'en 1992, année où le permis à points a été instauré.

Jeu

Enigme

Comment obtenir 1 000 par une addition ne comportant que des 8 ?

Solution

8 + 8 + 8 + 88 + 888 = 1 000

Fil facile à enfiler

Si votre vue baisse et que vous avez des difficultés à enfiler le fil dans le chas d'une aiguille, tremper le bout du fil dans du vernis à ongles incolore quelques secondes. Une fois raidi, il sera bien plus facile à enfiler.

Proverbes africains

Le mauvais danseur attribue ses maladresses au joueur de tam-tam.

Sénégal

Même si vous avez faim, ne mettez pas la main dans la marmite de votre belle-mère.

Afrique du Sud

Celui qui montre son derrière renonce à ce qui est derrière.

Cameroun

La jambe est intelligente, elle met l'os (le fort) devant et la chair (le faible) derrière.

République du Congo

Dans un village étranger, un chien laisse pendre sa queue.

Afrique du Sud

Les vérités sont comme les taches de la pintade.

Gabon

Une femme, c'est comme une chèvre : on l'attache là où il y a des chardons.

Rwanda

Si le père et la mère se disputent pour un œuf, l'enfant n'aura jamais de poule.

Guinée

SPÉCIAL ENFANTS :
FARCES ET ATTRAPES

LE JEU DU CRÈVE-L'ŒIL

MATÉRIEL : une cible dessinée sur une feuille de papier, un mouchoir, du mercurochrome, un foulard, un demi-citron.

Propose à l'un de tes parents ou à un grand-parent de jouer à un jeu : tu lui banderas les yeux avec un foulard et lui demanderas d'essayer de toucher la cible accrochée au mur. Quand il approchera de la cible, plante-lui un demi-citron au bout du doigt et cache-toi l'œil avec un mouchoir imbibé de mercurochrome en criant :

"MON ŒIL ! MON ŒIL !"

Sans réveil

Philippe Bouvard
se réveille
automatiquement
à 6 h 30 tous les matins,
et ce depuis
cinquante ans,
sans avoir
besoin de réveil.

Pourquoi les cheveux blanchissent ?

Ce sont des cellules pigmentaires situées à la base des follicules pileux qui fournissent la mélanine responsable de la couleur de nos cheveux. Mais ces cellules ne sont pas immortelles. Très importantes et actives lorsque nous sommes jeunes, elles meurent petit à petit avec l'âge. Nos cheveux deviennent alors blancs, ou gris, qui est en fait notre couleur naturelle. Il faut entre dix et vingt ans pour que toutes les cellules meurent et que nos cheveux deviennent entièrement blancs. Mais des études ont montré que juste avant de mourir, elles donnent le maximum de leurs capacités - un peu comme un sursaut d'orgueil - ce qui fait que nos cheveux commencent d'abord par foncer avant de blanchir.

Une villa sur roues

La plus grande caravane
du monde compte
5 étages.
Elle mesure 20m de long,
12m de large et pèse
122 tonnes.
Elle contient
8 chambres à coucher
et 4 garages.

Schwarzenegger

Pour avoir joué dans Terminator 2, Arnold Schwarzenneger a touché 15 millions de dollars. Vu qu'il n'avait que 700 mots à prononcer pendant tout le film, son salaire était donc de 21 429 dollars par mot.

Contrepèteries salaces

Le coup si près du but !

Fais-moi la cour avant que tu ne te maries !

Solution

Le bout si près du cul !

Fais-moi l'amour avant que tu ne te caries !

Le savoir-vivre dans les lieux publics

- Dire bonjour en entrant chez un commerçant ou dans une salle d'attente ;
- Ne pas monopoliser la partie gauche des escalators si l'on souhaite se laisser porter, afin de libérer la voie aux personnes plus pressées ;
- Ne pas entamer une conversation avec une personne rencontrée par hasard au beau milieu du passage (bouches de métro, devantures de magasin etc.) ;
- Savoir rester calme face à la nonchalance excessive du guichetier tout en attendant son tour dans la file ;
- Penser aux personnes qui sont derrière soi, en agissant vite ; régler ses achats avant de terminer de les emballer, pour libérer la place ;
- Parler à voix basse si l'on est à deux, pour ne pas briser le calme qui doit régner dans une salle d'attente ;
- Savoir céder son tour au profit d'une personne âgée, d'une femme enceinte ou accompagnée de jeunes enfants.

Quelques clés pour ne pas se perdre

Etre heureux signifie se libérer de notre idée préconçue du bonheur.
Devenez conscient et réaliste.
Examinez une situation dès le début, de l'extérieur.
Soyez aux commandes, pas au cœur de la bataille.
Admettez que vous devez vous corriger.
Vos réactions ne correspondent pas à la réalité. Restez vous-même au lieu de réagir.
Regardez vos peurs en face pour les dissiper.
Le salut sans la connaissance est une illusion.

Bain de pieds au céleri

Faites bouillir un céleri-rave coupé en morceaux dans 2 litres d'eau pendant une demi-heure. Retirer le céleri et verser le liquide dans une bassine, rallongé d'eau très chaude. Tremper les pies et les chevilles pendant 15 minutes.

Avec son action régulatrice de la chaleur, le céleri est recommandé en cas de douleurs dues aux changements de température, à l'excès de froid ou de chaleur.

Automobiles

Le parc automobile mondial a triplé en trente ans et vient d'atteindre les **200 millions** de voitures. Le nombre de voitures augmente environ de **3 millions** par an.

90 % des véhicules de la planète appartiennent aux 16 pays les plus riches, soit **un cinquième** de la population mondiale. En France, la circulation urbaine est responsable de 40 % de l'émission de CO2 imputable aux transports.

SPÉCIAL ENFANTS : FARCES ET ATTRAPES

LE JEU DU CRÈVE-L'ŒIL

MATÉRIEL : une cible dessinée sur une feuille de papier, un mouchoir, du mercurochrome, un foulard, un demi-citron.

Propose à l'un de tes parents ou à un grand parent de jouer à un jeu : tu lui banderas les yeux avec un foulard et lui demanderas d'essayer de toucher la cible accrochée au mur. Quand il approchera de la cible, plante-lui un demi-citron au bout du doigt et cache-toi l'œil avec un mouchoir imbibé de mercurochrome en criant : **"MON ŒIL ! MON ŒIL !"**

L'aide des extraterrestres contre le réchauffement climatique

Paul Hellyer, 83 ans, ancien ministre canadien de la Défense, croit en l'existences des extra-terrestres. Il a en effet appelé mercredi, dans un entretien au quotidien Ottawa Citizen, les gouvernements mondiaux à révéler ce qu'ils savent sur la technologie des extra-terrestres afin d'enrayer les changements climatiques.
Paul Hellyer demande que soit rendue publique la technologie extra-terrestre obtenue selon lui lors de l'écrasement sur terre d'OVNI, comme dans le cas de l'affaire de Roswell en 1947.
Hellyer est persuadé que la technologie extra-terrestre permettrait d'éliminer les combustibles fossiles en une génération. Ancien ministre de la Défense dans le gouvernement de Lester Pearson dans les années 1960, Il avait surpris ses compatriotes en affirmant en 2005 lors d'une conférence que les "OVNI sont aussi réels que les avions".

Jeu

Le problème d'Einstein

Il y a cinq maisons de couleur différentes, toutes sur une rangée.
Dans chaque maison vit une personne de nationalité différente.
Chacune des cinq personnes boit une boisson, fume une marque de cigarettes et élève un animal.
Personne n'a le même animal, ni ne fume les mêmes cigarettes, ni ne boit la même boisson.
L'Anglais vit dans la maison rouge.
Le Suédois a un chien.
Le Danois boit du thé.
La maison verte est à gauche de la maison blanche.
Le propriétaire de la maison verte boit du café.
Celui qui fume des Pall Mall a un oiseau.
Celui de la maison jaune fume des Dunhill.
Celui de la maison du centre boit du lait.
Le Norvégien vit dans la première maison.
Celui qui fume des Blends vit à côté du propriétaire du chat.
Celui qui a un cheval vit à côté de celui qui fume des Dunhill.
Celui qui fume des Blue Masters boit de la bière.
L'Allemand fume des Princes.
Le Norvégien vit à côté de la maison bleue.
Celui qui fume des Blends a un voisin qui boit de l'eau.

Qui possède le poisson ?

Solution

L'Allemand.

Dire ses émotions

Exprimer ce que l'on ressent n'est pas toujours facile. C'est pourtant la base d'une paix intérieure et d'un moral au beau fixe. D'une part, parce que si nous masquons une émotion, elle reste cependant présente en nous et continuera de s'exprimer, malgré toute notre résistance, de façon douloureuse. D'autre part, en ignorant nos émotions, nous nous privons des informations qu'elles nous donnent. Alors, apprenez à dire ce que vous avez vraiment sur le cœur.

Le sport de Sarah Jessica Parker

C'est grâce à des années de danse classique que Sarah Jessica Parker exhibe une silhouette parfaite. Le couturier Calvin Klein dit d'ailleurs d'elle qu' " elle est absolument sans défaut et qu'elle peut tout porter ". Sarah continue régulièrement de danser pour le plaisir et avoue à la presse ne faire aucun régime.

Pendant l'Occupation, un monsieur se rend à la Kommandantur et demande à voir le chef. "Que foulez-fous ?" lui demande l'Allemand.

— Je voudrais changer de nom.

— Ya, ya, comment fous appelez-fous ?

— **ADOLPHE MERDE**.

— Ach ! Che comprends que fous fouliez changer de nom ! Comment foulez-fous fous appeler maintenant ?

— **ROBERT MERDE...**

Planètes

Au cœur du Soleil, il fait 15 millions de °C, alors qu'il ne fait que 5 800 °C à sa surface.

La Lune s'éloigne de la Terre de 3,8 cm par an.

La définition de "jour" étant le temps que met une planète pour tourner sur elle-même, un jour dure 9 h 55 sur Jupiter.

Vénus est la seule planète de notre système solaire à tourner autour du Soleil en sens inverse des autres.

Ouvrir un bocal

Ce qui bloque un couvercle, c'est la pression due au vide d'air. À l'aide d'un couteau à bout rond (et assez épais, pour ne pas qu'il se casse), chercher entre le couvercle et le bocal un endroit où vous pourrez introduire le couteau. Tournez le couteau légèrement. Vous entendrez le petit bruit que fait l'air en s'engouffrant dans le bocal. Le pot se dévissera sans peine.

Campagne antialcool aux toilettes

En 2002, le Comité antialcool suédois a lancé une campagne dans plus de cent bars et restaurants de Stockholm : si vous vous rendez aux toilettes, un message préenregistré est diffusé alors que vous êtes sur le trône. Le sujet ? Les méfaits de l'alcool. La voix vous pose ensuite quelques questions telles que "Avez-vous un alcoolique dans votre famille ?", "Vous saoulez-vous plus souvent que vos amis ?" ou encore "Avez-vous besoin de boire pour vous sentir à l'aise en société ?". La campagne, qui a coûté 7 millions d'euros, était la première du genre à être lancée dans le monde.

Les Italiens, c'est comme les Mexicains, c'est des âmes simples qui crient "Maman" quand ils jouissent...

Denis ARCAND

Test

Etes-vous un(e) emmerdeur(se) ?

Vous deviez vous appeler, et vous tombez sur son répondeur :

● Ça vous inquiète.

◆ Ça vous énerve.

■ Ça vous laisse du temps pour appeler des amis.

Au restaurant, quand vous vous adressez au serveur, c'est pour lui demander :

■ L'addition.

◆ D'être placée moins près de la porte, mais pas à côté des toilettes.

● La sauce à part, pour la deuxième fois.

Il vous arrive de lui demander le service suivant :

■ Tu pourrais pas venir me chercher au boulot ?

● Tu pourrais pas aller me chercher des clopes (un dimanche) ?

◆ Tu pourrais pas me prêter du fric pour faire du shopping ?

Vous regardez un DVD à deux, et un ami l'appelle pendant 10 mn sur son portable :

● Vous vous enfermez dans la chambre et faites semblant de dormir.

◆ Vous continuez à regarder le film, mais ne lui résumez pas ce qu'il a manqué quand il revient.

■ Vous mettez sur pause et faites la vaisselle en attendant qu'il raccroche.

La dernière fois qu'il (elle) vous a fait un cadeau :

■ Ça n'était pas votre taille, mais vous avez pu l'échanger.

● Ça n'était pas votre style, mais vous avez pu l'échanger.

◆ Ça n'était pas votre style, mais vous l'avez envoyé(e) l'échanger.

Résultats

Majorité de ■

En tant que bonne pâte, vous êtes conciliant(e), content(e) de peu, compréhensif(ve). Dans votre relation de couple, vous faites preuve de bonne volonté pour que tout aille bien. Mais ne seriez-vous pas le (la) seul(e) des deux à faire des compromis ? Ne vous laissez pas marcher sur les pieds et n'engrangez pas la rancœur jusqu'à ce que le vase déborde (dans 10 ans ?).

Majorité de ●

Même si vos proches vous trouvent adorable, il vous arrive en effet de piquer une crise de temps. Vous pouvez même être chiant(e) quand vous tiquez sur un détail ou quand vous boudez pour une broutille. C'est juste une manière comme une autre de vous rassurer lorsque vous êtes avec vos proches. Mais il serait peut-être temps de faire remonter cette estime de soi un peu molle.

Majorité de ◆

Votre opinion de vous est très haute et vous exigez que celle que les autres ont de votre personne soit à la même hauteur. Vous vous considérez un peu comme un objet de luxe :on doit vous regarder, on peut même frimer avec vous, vous devez être bichonné(e) 24 heures sur 24. Mais une personnalité comme celle-là, si elle est fascinante au premier abord, est incompatible avec celle qu'on se fait de l'homme (la femme) de sa vie.

Pourquoi la morve peut avoir cette couleur verte ?

Quand le liquide nasal prend une telle couleur, cela veut généralement dire que l'on souffre d'une infection. En effet, le nez, humide, aéré et chaud, est le lieu idéal pour la prolifération des bactéries. Parmi ces bactéries, certaines sont colorées. C'est le cas du staphylococcus aureus qui est doré, ou du pseudomonas pyocyanea qui est bleu.

En général, les bactéries sont évacuées par le mucus et digérées. Mais il arrive que le flux de mucus se fasse moins important et s'épaississe, à cause d'une infection. Le liquide nasal prend alors cette couleur (verte = mélange du doré et du bleu), parce que les bactéries citées plus haut se sont multipliées dans la cavité nasale.

Perles des hôpitaux

Les médecins

Prendre une pilule cinq minutes avant de vous endormir et une autre, cinq minutes avant de vous réveiller.

Le patient a refusé une autopsie.

En cas de maladie contagieuse, les rapports intimes doivent avoir lieu à plus d'un mètre de distance.

L'examen montra un homme bien développé, couché dans le lit avec sa famille sans angoisse.

Il est préférable de prendre la température sous les selles.

On reconnaît la présence de la strychnine dans un aliment en goûtant cet aliment, étant donné que si on tombe mort, c'est qu'il y en avait.

La patiente est triste et pleure constamment. Elle semble aussi être déprimée.

Le deuxième jour, le genou allait mieux et le troisième jour, il avait complètement disparu.

L'hémorragie commença dans la zone de l'anus et se poursuivit sur le chemin de l'hôpital.

Les patients

Mes yeux sont moins visibles de jour en jour.

Mon mari est malade. Pourriez-vous m'expédier un flacon de ce médicament qui a fait mourir la voisine ?

Non monsieur, j'ai pas eu des gaz, mais c'est normal. Je n'ai jamais eu de gaz parce que j'ai un trop gros anus.

J'ai voulu faire du ski. Résultat : je me suis cassé trois tendons d'Achille.

Hier, on m'a enlevé de l'oreille un bouchon de chair humaine. Ce n'est pas la première fois, car je suis costumière du fait.

Mon cœur s'emballe sans rythme ni raison.

Docteur, je désire que vous m'examiniez à la radio, car j'ai très mal au prépuce solaire.

Ma femme souffre d'une procession nerveuse ; elle a sans arrêt les nerfs en pots de fleurs et je crois que c'est historique.

Docteur, auriez-vous l'amabilité de me délivrer un certificat attestant que je suis devenue aveugle grâce à vos bons soins ?

Des vêtements sans plis dans vos valises

Pour des vestes qui restent repassées même en voyage, enfilez-les les unes sur les autres en commençant par celle qui se froisse le moins, comme un coupe-vent, puis glissez-les dans votre valise.
Pour les séparations, prendre en lieu et place de papier de soie des feuilles de plastique récupérées du nettoyage à sec.

Fantasme de belle voiture

Le fantasme secret de Georges Brassens était de s'acheter une Maseratti. Même s'il pouvait se la payer, il n'a jamais réalisé ce rêve. Son image publique ne lui permettait pas de s'afficher dans une de ces voitures puissantes et hors de prix.

hi hi hihi

HUMOUR

Un policier anglais est chargé d'annoncer à une femme que son mari vient de mourir dans un accident. Il se rend donc chez la dame et sonne à la porte. Quand elle lui ouvre, le policier lui demande :

— Bonjour, vous êtes bien Mme veuve McKenzie ?

— Je suis Mme McKenzie, mais je ne suis pas veuve.

— VOUS VOULEZ PARIER ?

Au Texas, un homme entre dans un bar avec un crocodile en laisse. Il demande au barman :

— Vous servez les **FRANÇAIS** ?

— Bien sûr ! répond le barman.

— OK, alors une **BIÈRE** et un **FRANÇAIS**, s'il vous plaît !

SUDOKU

Niveau moyen

		9	5			8	3	
3	7	6			8	1		
	1	5	3	7	4			9
		2	1	8	3	7	9	
9			4	6	2	3	5	1
				5	7	6	8	2
	6	1				9		3
	4				9			
			7	3			2	

Solution p 673

"Pendez-le haut et court !"

Autrefois, la pendaison était très répandue. Un pendu servait d'exemple aux gens susceptibles de commettre des forfaits. C'est pourquoi on les pendait haut, pour qu'ils puissent être vus de loin. Les pendre court permettait aussi d'économiser la corde.

WC-stretching : étirement des cuisses

Assis sur une chaise (ou sur les toilettes), posez un pied au sol, le genou plié, et tendez l'autre jambe, le talon reposant sur le rebord d'une deuxième chaise ou un autre support (muret, petit meuble) placé devant vous.
En gardant le dos droit et en "tirant" les fessiers vers l'arrière, laissez le genou de la jambe tendue descendre vers le sol uniquement par la pesanteur.
Gardez la position 3 minutes.

Les stars créent leur parfum

Jennifer Lopez porte The Glow, parfum qu'elle a lancé il y a deux ans et qu'elle qualifie de " frais, clean et sexy ". Cette fragrance florale et fruitée se décline aujourd'hui en ligne de bain et jouit d'un énorme succès aux Etats-Unis. Provocant à l'image de la star, le flacon est entouré d'un string très sexy.

Jean Reno s'intéresse lui aussi à la parfumerie et vient de lancer son premier parfum au nom prometteur : Jean Reno loves you ! Son élixir d'amour a pour notes de tête du freesia et de la bergamote. Un parfum adoré des Japonaises.

Une chienne qui accouche d'un chat

En Chine, dans le village de Huayang, une chienne a accouché d'une portée dans laquelle un chiot ressemble comme deux gouttes d'eau à un chaton.
Les vétérinaires locaux disent qu'il s'agit bien d'un chiot qui ressemble à un chaton dû à une mutation d'un gêne.
Apparemment, il aboierait comme un chiot.

Estimation de vos revenus
et de vos dépenses

Lorsque vous estimez vos revenus, ayez tendance à minimiser les nombres plutôt que l'inverse. Tout surplus pourra être versé à l'épargne ou à réduire votre niveau d'endettement.

Lorsque vous estimez vos dépenses, ayez tendance à maximiser les nombres plutôt que l'inverse, à l'opposé de ce qui est suggéré pour le revenu.

Vous aurez ainsi l’esprit plus zen en pensant à votre budget.

Chats

Saupoudrez de poivre les endroits où votre chat se fait les griffes. De même, ajoutez trois cuillérées de poivre à l'eau de lavage de vos rideaux et voilages.

Pour une litière sans odeur, déposez au fond du bac une légère couche de bicarbonate de soude, avant d'y mettre la litière.

Tapissez la corbeille du chat de lavande (ou quelques gouttes d'huile essentielle) pour faire fuir les puces.

Ne lavez jamais vos sols à l'eau de javel. Les chats adorent cette odeur, alors que l'eau de javel est très mauvaise s'ils l'absorbent. (les chats se lavent les pattes au moins trois fois par jour).

Au Kremlin, Gorbatchev se réveille un matin, va à son balcon, contemple le soleil devant lui et demande :
— Quel est le plus grand chef d'État du monde ?
— **MIKHAÏL GORBATCHEV !** répond le soleil.
— Et quel est le plus grand pays du monde ?
— **L'UNION SOVIÉTIQUE !**
Gorbatchev passe une excellente journée. Et le soir, du balcon de son bureau, il admire le soleil couchant.
— Quel est le plus grand chef d'État du monde ?
— **GEORGE BUSH !**
— Pardon ? J'ai mal entendu...
— Non, tu as parfaitement compris. Bush ! Et ne m'emmerde pas avec ton pays pourri, maintenant **JE SUIS PASSÉ À L'OUEST !**

Cure-dent

Contrairement à ce qu'a voulu démontrer George W. Bush en mangeant des bretzels, l'objet avec lequel les Américains s'étouffent en majorité est le cure-dent.

Incompréhensible

Steve Woodmore d'Orpington en Grande-Bretagne, a prononcé 595 mots de façon audible en 56,01 secondes. Ce qui correspond à 637, 4 mots à la minute. Alors que très peu de personnes sont capables de parler clairement quand elles dépassent les 300 mots à la minute.

Devinette

Celui qui le porte
ne l'utilise pas
et celui qui l'utilise
ne le voit jamais.

Qu'est-ce que c'est ?

Solution

Un cercueil.

Règles de courtoisie avec le voisinage

Il est important de respecter quelques règles élémentaires afin de maintenir des relations courtoises avec vos voisins.
Lorsque l'on déménage, il convient de se présenter au gardien et à son ou ses voisins de palier ou de rue.
Dire un mot courtois lorsque vous rencontrez un voisin, tenir la porte de l'ascenseur, saluer une personne dans les escaliers, prévenir et s'excuser du bruit d'éventuels travaux passagers ou d'une soirée entre amis, aider une personne âgée à remonter ses courses… sont des signes de civilité qu'il est bon et nécessaire de pratiquer.
Pensez aussi aux nuisances que vous n'aimez pas subir de la part de vos voisins. Ne leur imposez donc pas les vôtres. Veillez par conséquent à éviter de mettre la musique trop fort le soir, de marcher avec des talons, de faire des travaux le dimanche matin, de courir dans les escaliers, ou de laisser votre chien seul dans la journée, de peur qu'il hurle.
Il est de même nécessaire de garder son territoire, si l'on tient à son intimité. Si vous faites trop souvent entrer vos voisins chez vous (pour boire un verre, pour les dépanner), ils se gêneront de moins en moins pour venir frapper à votre porte.

Les piercings attirent la foudre

Becky Nyang, une jeune fille pourvue d'un piercing lingual, a réchappé de peu à la mort. Frappée par la foudre, son piercing en métal aurait servi de conducteur : elle a été soumise quelques instants à une température de 15 000 °C. L'adolescente a survécu, mais est quand même restée muette pendant trois jours.

Rose ou bleu ?

Le choix du bleu pour les garçons est apparu à l'initiative des protestants, au XIXe siècle. Il s'agit en fait d'une inversion par rapport aux codes les plus anciens : le bleu, associé à la Vierge, représentait la virginité, alors que le rouge était considéré comme une couleur guerrière, virile.

Spécial environnement : moins de déchets pour la planète

Acheter des produits en vrac. Ils sont moins chers et l'emballage est réduit.
Éviter les contenants de plastique, car ils sont fabriqués avec divers types de plastiques coûteux et difficiles à trier et à recycler.
Choisir des produits offerts dans des contenants rechargeables ou réutilisables.
Composter les résidus de cuisine.
Choisir de préférence des produits fabriqués à partir de matières recyclées.

La banlieue

La banlieue vient de deux mots : "**ban**" et "**lieue**". En effet, le droit de ban d'un seigneur, c'est-à-dire sa gouvernance, s'étendait à ses terres ainsi qu'aux terres s'étendant jusqu'à une lieue alentour. Cette lieue suplémentaire était nommée "ban-lieue". La banlieue désignait donc le territoire d'une lieue qui s'étendait autour d'une ville ou d'un bourg. Aujourd'hui, certaines banlieues s'étendent bien au-delà d'une lieue.

Colle maison

Quand il ne reste plus de colle à la maison et que vos enfants veulent bricoler, fabriquez une pâte collante avec de l'eau et de la farine.

Explosion atomique en direct

En République Tchèque, quand c'est l'heure de la météo, on regarde pendant le programme une vue panoramique de telle ou telle région du pays en direct. Quelle ne fut pas la surprise lorsque les téléspectateurs virent à l'écran, lors d'une vue sur les montagnes Krkonose de Bohème, une explosion atomique. On y voit tout d'abord un flash soudain, puis le champignon atomique, et quelques moments plus tard, l'image se brouille.

Deux chauffeurs routiers belges se présentent à l'entrée d'un tunnel dont la hauteur est limitée à 3,80 m.
Leur camion faisant plus de 4 m de haut, ils s'arrêtent.
Le passager descend du bahut, regarde autour de lui puis remonte dans le camion en disant au conducteur :
— **TU PEUX Y ALLER, IL N'Y A PAS DE FLIC !**

Quatre Belges arrêtent leur voiture au niveau d'une prostituée. Le conducteur lui demande :
— C'est combien, une fois ?
— **C'EST 20 EUROS POUR DEVANT ET 40 POUR DERRIÈRE.**
Le conducteur se retourne alors vers ses deux passagers arrière et leur dit :
— **DÉSOLÉ, LES GARS, MAIS POUR VOUS C'EST 40 EUROS !**

Contrepèteries

Qu'est-ce que c'est que ce camembert de Lourdes ?

C'est long comme lacune.

Solution

Qu'est-ce que c'est que ce calembour de merde ?
C'est con comme la lune.

Y en a, là-dedans...

Placez votre main sur un poêle une minute et ça vous semble durer une heure. Asseyez-vous auprès d'une jolie jeune fille une heure et ça vous semble durer une minute. C'est ça, la relativité.

Albert EINSTEIN

Quand nous avons soif, il nous semble que nous pourrions boire tout un océan : c'est la foi. Et quand nous nous mettons à boire, nous buvons un verre ou deux : c'est la science.

Anton TCHEKHOV

Rien n'est plus dangereux qu'une idée quand on n'en a qu'une.

Pablo PICASSO

Tout le monde a des idées : la preuve, c'est qu'il y en a de mauvaises.

COLUCHE

Le désordre, c'est l'ordre vu différemment.

HYRIEN

Il n'existe que deux choses infinies : l'univers et la bêtise humaine... Mais pour l'univers, je n'ai pas de certitude absolue.

Albert EINSTEIN

Débarquement normand

Aux États-Unis comme presque partout, la vache préférée des producteurs intensifs de lait est la Holstein. Enfermée dans des hangars, nourrie de granulés, transformée en "fontaine à lait", elle est devenue plus ou moins stérile et hypersensible aux maladies. Depuis quelques années, la demande en produits bio, en croissance annuelle de 25 à 30 %, conduit les jeunes agriculteurs américains à ramener les vaches au pré, milieu trop naturel pour la Holstein. La solution a été apportée par un vétérinaire français, exportateur de paillettes de sperme de taureaux normands. Le croisement donne des vaches aussi solides et rustiques que les normandes, et presque aussi productives que les Holstein.

Pourquoi la truffe des chiens est-elle mouillée ?

La truffe des chiens est humide pour la bonne raison que c'est la seule partie de leur corps qui transpire. Pour évacuer la chaleur, les chiens halètent, ce qui permet une plus grande évaporation de la transpiration par la truffe. L'humidité de leur truffe leur est d'ailleurs très utile, parce qu'elle collecte ainsi plus facilement les particules aromatiques et leur confère l'exceptionnel sens de l'odorat qu'on leur connaît.

Mercenaire

Le fait de la participation à une activité de mercenaire est puni de 5 ans d'emprisonnement et de 75 000 euros d'amende.

Charlie Chaplin

Le célèbre créateur de Charlot était le seul à pouvoir faire dix ronds de fumée avec son cigare et à faire entrer un onzième rond dans ces dix ronds. Il aurait fait mettre de côté une partie de son héritage pour la personne qui aurait réussi à battre cet exploit.

Par ailleurs, il aurait participé une fois, de façon anonyme, à un concours de sosies de Charlot. Il n'aurait obtenu que la troisième place.

Odeur d'ail

APRÈS AVOIR COUPÉ DE L'AIL, POUR RETIRER L'ODEUR DES DOIGTS, RIEN DE TEL QUE DE LES FROTTER AVEC LE COUTEAU QUE L'ON A UTILISÉ.

DÉSOLÉ, JE SUIS NOUVEAU..
POUR FAIRE HAKA...J'AI MIS UN SUPPO !
?
SCHPROUIII...
W.C
Sabine NOURRIT

Quel point commun y a-t-il entre les Arabes et les spermatozoïdes ?

ILS ARRIVENT EN NOMBRE ET IL N'Y EN A QU'UN QUI BOSSE !

Pourquoi certaines femmes belges refusent-elles d'avoir plus de quatre enfants ?

PARCE QU'ELLES ONT LU QUE, SUR CINQ ENFANTS QUI VIENNENT AU MONDE, IL Y A UN CHINOIS...

Qu'est-ce qui fait douze mètres, qui sent le vin et qui chante ?

UN AUTOCAR DE SUPPORTERS FRANÇAIS.

Parité chez le coiffeur

Au nom de l'égalité des sexes, les Suédoises et les Suédois paient depuis l'année dernière le même prix chez le coiffeur. Même si la quantité de travail sur les cheveux de ces messieurs et de ces dames n'est pas la même pour celui qui les coiffe, la loi antidiscrimination suédoise en a décidé ainsi.

Terre

Le poids de la Terre est de 5 924 000 000 000 000 000 000 tonnes.
Elle tourne autour du Soleil à une vitesse de 29 km par seconde.
Si toute l'eau de l'atmosphère tombait en même temps, elle recouvrirait la Terre de 2,5 cm d'épaisseur.
S'il n'y avait aucune crevasse ni aucune montagne sur Terre, si elle était entièrement plate, elle serait entièrement recouverte d'eau, sur une hauteur de 150 m.
Si tout le sel contenu dans les mers et les océans était extrait, il recouvrirait la Terre entière sur 50 cm.

Il est désespérément suisse, ce parachutiste suisse.
À l'instruction, on lui a bien dit :
— Vous sautez de l'avion. Vous comptez jusqu'à trois. Alors vous tirez sur la manette et le parachute s'ouvre...
Eh bien, effectivement, il saute de l'avion. Mais son parachute ne s'ouvre pas et il s'écrase au sol. Une ambulance arrive à toute allure pour le ramasser. Un infirmier s'approche de lui, il se penche sur le malheureux et il entend une petite voix qui gémit :
— **TROIS.**

Le voyage intérieur

Pour éliminer vos tensions et vous ressourcer, faites un voyage imaginaire ! Installez-vous en position assise ou allongée. Fermez les yeux. Imaginez que vous vous trouvez dans un paysage magnifique (plage de sable fin, forêt ombragée, près d'une cascade…). Imprégnez-vous de cet endroit merveilleux avec tous vos sens : visualisez-le, sentez les odeurs, imaginez le souffle d'une brise tiède sur votre peau, entendez les bruits du vent, des oiseaux, de l'eau vive. Ressourcez-vous pendant une dizaine de minutes dans ce paradis, vous reviendrez de ce voyage mental parfaitement détendu. Vous pourrez ainsi aborder les soucis quotidiens d'une façon plus sereine et plus efficace. Pratiquez cet exercice une fois par jour environ, que ce soit dans le métro, aux toilettes ou dans votre bain.

Jeu

SUDOKU

Niveau facile

6	1	8		9	5	7		3
	4				3	6	9	8
9		3	6	8	7	4	1	5
4				5	1		8	7
	8	9	2			1	5	
5	7	1	8		4	2		9
		4				8		2
2				4	8	5	3	1
	5			1		9	4	

Solution p 673

Musculation des cuisses et des quadriceps

En appui sur les jambes, les genoux posés au sol et légèrement écartés, les mains sur les hanches, descendez le buste vers l'arrière, tout en contractant les muscles fessiers et en inspirant. Ne vous asseyez pas sur les talons et veillez à ne pas creuser les lombaires. Tout en expirant, revenez à la position de départ lentement et progressivement lorsque vous ressentez une contraction au niveau des quadriceps, c'est-à-dire sur l'avant de la cuisse.

Répétez le mouvement 15 fois.

Un Australien a vendu sa vie sur Internet

Pour son premier achat en ligne, en janvier 2007, Nicael Holt, un chirurgien australien, a cédé à "un coup de folie" et décide de mettre sa vie aux enchères. Sa vie, qui comprend, entre autres : son nom, ses vêtements, son numéro de téléphone, sa planche de surf, son ordinateur, une lampe, une trottinette, ses photos d'enfance, et une histoire d'amour ratée.
Pour 5 700 dollars, l'acheteur devient propriétaire de l'ensemble de ses possessions (sans toutefois s'emparer de l'identité légale du vendeur, qui conserve ses droits d'héritage et son passeport).
Il pourra passer Noël avec les parents de Nicael Holt, être traité par ses amis comme Nicael Holt l'était, mais hériter aussi de quelques ennemis et de quelques tensions avec son ex.
L'ancien Nicael Holt offre à son nouvel homonyme un programme de quatre semaines de formation, pour qu'il puisse se faire à sa nouvelle vie, ainsi qu'un service après-vente de deux mois, au cas où le nouveau Nicael Holt ait besoin de conseils.

Peler les tomates sans effort

Pour peler les tomates facilement, faites une entaille en forme de croix sur le dessus de la tomate avant de les ébouillanter. Elle se pèle ensuite encore plus facilement.

D'autre part, si vous devez faire une sauce tomate, plutôt que de les ébouillanter pour les peler, il suffit de les râper. La peau de la tomate vous restera dans les mains.

La disposition des lettres sur le clavier

La disposition des lettres sur les claviers d'ordinateurs remonte à la création des premières machines à écrire et est paradoxalement destinée à ralentir la frappe.
En effet, basées sur le principe du basculement de petites tiges qui percutaient le ruban encreur, il arrivait souvent à ces machines de ne pas pouvoir suivre le rythme de la frappe. Les tiges se télescopaient et s'emmêlaient.
On a donc choisi d'intervertir les lettres le plus utilisées (e, s, a, r,i, t,... pour le français) avec des lettres qui apparaissaient moins souvent dans les mots (z, y, q...) à proximité du majeur et de l'index dans le but de ralentir légèrement le rythme d'appui sur les touches.. La disposition des lettres en France s'est donc appelée "azerty" (disposition des six premières lettres sur le clavier). Dans d'autres langues, en fonction des lettres les plus utilisées, la disposition change (comme le "qwerty" pour l'anglais).

Barbie

Le nom complet de la poupée Barbie est : Barbara Milicent Robert.

Olive est venu comme chaque année passer les vacances au village, et comme toujours il se vante de ses exploits de toutes sortes ; en particulier à la chasse. Mais au café, on le connaît et on l'écoute avec le sourire.

— Le dernier sanglier que j'ai eu, c'était un monstre, une bête de plus de **250 KILOS !** Évidemment, impossible de le ramener tout seul… Je me suis dit : Olive, tu vas te le dépecer sur place. Alors j'ai sorti mon Opinel et j'ai découpé la première cuisse : **50 KILOS !** Puis la deuxième : **50 KILOS !** Et je me suis dit : Olive, tu vas déjà ramener ça à la maison. J'ai mis une cuisse sur chaque épaule ; c'était lourd, mais ça allait. Et alors…

À ce moment, Ange, le patron du bar l'appelle :

— Olive ! on te demande au téléphone, de Marseille…

Olive s'interrompt donc, et revient quelques minutes plus tard :

— Bon, qu'est-ce que je disais ?…

— Eh bè, tu disais que tu avais une cuisse sur chaque épaule…

— Vouaï !… Et alors, **LA GONZESSE**, je me la nique, je me la nique…

George Michael et la justice

Lors de son procès pour inaptitude à la conduite, dans un tribunal de Londres en mai 2007, le chanteur britannique George Michael a fini par plaider coupable, reconnaissant avoir été au volant de sa voiture sous l'emprise de médicaments. La police l'aurait même retrouvé évanoui au volant.

Alors qu'il avait plaidé non coupable en janvier, l'ancien chanteur du groupe Wham! a finalement fait machine arrière en mettant son comportement sur le compte de la "fatigue et de médicaments obtenus sur prescription". "J'ai fait quelque chose de très stupide et j'ai très honte, depuis que je l'ai fait", a dit George Michael, 43 ans. "J'ai vraiment été très perturbé par toute cette affaire", a-t-il ajouté. "Je suis parfaitement conscient d'avoir fait quelque chose de très mal en étant dans ma voiture, alors que je n'étais pas en mesure de conduire", a poursuivi le chanteur, de son vrai nom George Panayiotou.

Bon appétit

Il ne se fait pas de dire "bon appétit". selon les règles de savoir-vivre, manger veut dire déguster, et non remplir son estomac. Si quelqu'un vous dit "bon appétit", ne répondez pas la même chose, ne remerciez pas, contentez-vous de dire : "Vous aussi."

Comment faire durer le désir ?

Parlez ensemble de vos difficultés, mais aussi de vos bons moments. Créez-vous une intimité.
Ne vous laissez jamais aller. Faites de l'exercice afin d'affiner votre silhouette, plus fine, plus tonique, elle n'en sera que plus sexy.
Pratiquez la relaxation, pour empêcher la fatigue et le stress de tuer le désir.
Bannissez télévision et débranchez le téléphone.
Faites vous beau (belle). Mettez-vous davantage en valeur. Changez-vous, même pour un simple dîner à la maison. Une tenue relax ne veut pas forcément dire relâchée.
Les yeux fermés, relaxez-vous en pensant au plaisir que vous apporteront les câlins de votre moitié.
Ménagez-vous des plages d'intimité : le romantisme va toujours de pair avec l'amour.
Continuez à sortir à deux. Sortez dîner en amoureux, partez en week-end.

Enigme

Trois boîtes fermées sont remplies de billes. Sur ces trois boîtes, des étiquettes étaient collées, mais ont été déplacées. L'une indiquait "billes bleues", la deuxième "billes rouges" et la troisième "billes bleues et billes rouges" Par une fente sur le dessus des boîtes, on peut apercevoir la couleur d'une seule bille. Dans laquelle des boîtes suffit-il de jeter un coup d'œil pour savoir aussitôt ce qu'elle contient ?

Solution

Dans la boîte portant l'inscription "billes bleues et billes rouges". Comme les étiquettes ont été déplacées, si on aperçoit une bille bleue, la boîte ne contient que des billes bleues, si c'est une bille rouge, on a affaire à la boîte de billes rouges.

Le suicide du scorpion

Selon la légende, un scorpion encerclé par le feu se suicide en se piquant lui-même.
Des biologistes marseillais ont montré que la légende est fausse parce que le scorpion est insensible à son propre venin.
Le venin du scorpion est pourtant foudroyant provoquant convulsion et paralysie.
Lors d'une piqûre, un scorpion injecte de 0.1 à 2 milligrammes de venin au bout de son aiguillon. Un milligramme de venin peut tuer une centaine de souris...
Mortel pour les autres, le venin du scorpion est inoffensif pour lui-même.

Masque à l'œuf

Pour avoir une peau douce comme celle d'un bébé, séparez le jaune et le blanc d'un œuf.

Appliquez d'abord le blanc sur le visage et laissez reposer 10 minutes puis rincez à l'eau claire.

Répétez l'opération avec le jaune.

“Citations”

Les métiers…

L'administration : un problème pour chacune de vos solutions !

Lord SAMUEL

Franchement, je ne supporte pas les gens qui trouvent ça malin de prendre de la drogue… les douaniers, par exemple.

Lenny BRUCE

Un bon vendeur, c'est un type qui arrive à vendre un stick déodorant à la Vénus de Milo.

Max BERN

Un critique, c'est un journaliste que sa nana a plaqué pour un acteur.

Walter WINCHELL

La modestie chez un acteur, c'est comme la passion chez une call-girl.

George BURNS

Le talent, c'est 90 % de transpiration et 10 % à ton agent.

Wayne COTTER

Mon gamin est un docteur né : personne n'arrive à déchiffrer ce qu'il écrit.

Henny YOUNGMAN

Après dix ans de thérapie, mon psychanalyste m'a mis les larmes aux yeux d'une seule phrase : " No hablo inglés. "

Ronnie SHAKES

Une baby-sitter est une ado qui se conduit comme une adulte pendant que les parents se conduisent comme des ados.

Robin WILLIAMS

Un diplomate, c'est quelqu'un qui tourne sept fois sa langue dans sa bouche avant de ne rien dire.

Frederic SAWYER

Demander à un écrivain ce qu'il pense des critiques, c'est comme demander à un réverbère ce qu'il pense des chiens.

John OSBORNE

Une parapentiste survit à une tempête à 9000 mètres

Ewa Wisnerska, une Allemande, qui s'entraînait en Australie vue des championnats du monde de parapente, a connu l'entraînement le plus dur de sa carrière, début février 2007, dans le Nord-Ouest de l'Australie.
La championne, âgée de 35 ans, a été prise au piège dans une tempête qui l'a envoyée à une altitude de 9144 mètres, supérieure à celle de l'Everest (8850 m). Cette altitude est connue par les alpinistes comme la zone mortelle, en raison du froid extrême qui y règne.
À cette altitude, sans oxygène, la parapentiste a vu apparaître de la glace sur ses lunettes et ses instruments, avant de perdre conscience pendant 40 minutes Elle a repris connaissance à 6900 mètres, puis a réussi à rejoindre lentement le sol, le corps entièrement recouvert de glace.
"Cette femme a eu une chance inouïe", a expliqué l'organisateur des championnats du monde. Parmi les 200 participants qui s'entraînaient ce jour-là, un jeune Chinois n'a pas eu la chance de l'Australienne et a trouvé la mort.

Fumoir

15 000 euros : c'était le montant de la ristourne fiscale accordée aux entreprises qui ont investi dans un fumoir, avant la loi d'interdiction du tabac dans les lieux publics.

Toute de noir vêtue, une femme corse revient des obsèques de son mari qui, conformément à ses dernières volontés, a été incinéré. Elle rentre chez elle avec l'urne et verse les cendres dans un sablier en disant :

— **MAINTENANT, TRAVAILLE !**

En Espagne, il y a le feu dans un immeuble. Un enfant apparaît à la fenêtre du dixième étage et crie :

— **AU SECOURS, À L'AIDE !**

Une ménagère qui passe aperçoit la scène, tend son tablier devant elle et lui répond :

— **SAUTE, SAUTE ! JE TE RATTRAPE !**

L'enfant s'exécute. Il arrive à moins d'un mètre du sol quand la femme pivote et s'exclame :

— **OLÉ !**

Animaux insolites

Lorsqu'elle chante, la baleine peut atteindre 190 décibels, soit le bruit q'un Boeing 747 au décollage.
Les dents du rat poussent en moyenne de 15 cm par an.
Il est impossible pour un crocodile de tirer la langue.
La libellule peut voler aussi rapidement en arrière qu'en avant.
La vache rote toutes les 40 secondes.
Pour vider un humain de son sang, il faudrait que 1,12 million de moustiques le piquent en même temps.
Le rat peut survivre plus longtemps sans eau que le chameau.
À sa naissance, le bébé kangourou ne pèse pas un gramme.
Le caméléon a une langue plus grosse que son corps.

SUDOKU

Niveau moyen

				5				
3			8	1	6			4
5				4		3	9	8
		7	9	2		6		
1	9		6				3	
	6					9	8	7
							1	
4		1	2	8				
	7	3		9	1	8	5	2

Solution p 674

James Bond

Selon le Guiness des records, la réplique de cinéma la plus connue au monde est "Mon nom est Bond, James Bond."
Une dizaine de réalisateurs se sont attaqués au mythe "James Bond", dont les plus assidus sont Guy Hamilton (4), John Glen (5, dont "Permis de tuer"), ou encore Lewis Gilbert. Pour le vingt-deuxième opus de James Bond, c'est l'Allemand Marc Forster qui sera le réalisateur, en décembre 2007.
L'histoire devrait reprendre et approfondir l'enquête débutée dans "Casino Royale", premier James Bond écrit par l'auteur et dernier mis en scène à ce jour. Pour l'anecdote, d'après Ian Flemming, le célèbre espion serait franco-suisse par sa mère et écossais par son père.

Le vieil homme vient de mourir. Le curé ne tarit pas d'éloges : quel bon mari c'était, et quel bon chrétien, et comment il aimait ses enfants, etc.

Finalement, la veuve a un doute. Elle se penche sur un des fils et lui dit à l'oreille :

— Va jusqu'au cercueil et jette un œil à l'intérieur pour voir si c'est bien **TON PÈRE** qui est là-dedans.

C'ÉTAIT UN HOMME BON... UN MARI EXEMPLAIRE, AIMANT ET FIDÈLE...
ÇA NE PEUT PAS ÊTRE TON PÈRE...VA TE RENSEIGNER : ON A DÛ SE TROMPER D'ENTERREMENT !
Sabine WOURRIT

Record de la descendance

Avant de mourir,
à l'âge de 96 ans,
un Américain comptait
824 descendants :
11 enfants,
97 petits-enfants,
634 arrière-petits-enfants,
et 82 arrière-arrière-petits-enfants.

Marius sort de prison au bout de cinq ans ; tous ses collègues l'attendent à la porte des Baumettes.

— **OH, PUTAIN ! C'EST PAS VRAI !** Y sont tous là...

— Eh ouais ! on t'a pas oublié. On t'a apporté plein de cadeaux, mon collègue !

— **OH, PUTAIN ! C'EST PAS VRAI !**

— Eh ouais ! tè ! vé le pastaga ! On s'est dit : pas de pastaga pendant cinq ans, ça doit lui manquer...

— **OH, PUTAIN ! C'EST PAS VRAI !**

— Et tè, on t'a mené la bouillabaisse. Cinq ans sans bouillabaisse, t'aurais pu en mourir !

— **OH, PUTAIN ! C'EST PAS VRAI !** même la bouillabaisse...

— Et puis regarde ! des chichis de l'Estaque ! ça a dû te manquer, pendant cinq ans ? Et c'est pas fini, on en a encore, des surprises ! Dis, Marius, depuis cinq ans que tu es enfermé, tu dois bien avoir envie de tirer ?...

— **OH, PUTAIN ! C'EST PAS VRAI !** Me dites pas que vous avez aussi apporté les boules !

Combien de temps peut-on rester éveillé ?

De nombreuses études scientifiques sont menées sur l'état d'éveil, aussi bien sur les rats que sur les humains. Les études nous montrent que la plupart des volontaires sont restés éveillés huit à dix jours environ. Mais le record mondial a été remporté en 1964 par un jeune homme de 17 ans du nom de Randy Gardner, qui a tenu 264 heures d'affilée sans dormir, soit onze jours. Sans le moindre dégât à long terme, ces volontaires ont cependant montré pendant l'étude une perte des fonctions motrices et cognitives, une chute de la température, une perte de poids, alors qu'ils mangeaient davantage et des signes d'irritabilité. Des études menées sur des rats ont montré que les animaux finissaient par mourir au bout de dix-sept jours environ, prouvant ainsi le caractère vital, au même titre que la nourriture et l'eau, du sommeil sur les mammifères.

Eviter les graisses résistantes

Pour enlever les graisses incrustées sur votre cuisinière ou dans votre four, mélangez dans un bol un peu de poudre de bicarbonate et de l'eau jusqu'à obtention d'une crème épaisse. Étalez sur les graisses incrustées et laissez agir 30 minutes. Nettoyez ensuite à l'aide d'un chiffon. C'est à la fois économique, naturel et efficace.

Ces deux chasseurs belges sont heureux d'avoir tué un énorme sanglier dans les Ardennes, et ils le traînent en le tirant par la queue pour l'amener vers leur break, mais ils sont épuisés.
Ils croisent un autre chasseur qui leur conseille :
— Vous vous fatiguez inutilement, car dans ce sens il traîne à rebrousse-poil. Vous devriez le prendre par la tête, il glissera plus facilement sur le sol...
Ils suivent le conseil, et prennent le sanglier par la tête. Au bout d'un moment, l'un des Belges dit à l'autre :
— C'est vrai, une fois, que c'est moins fatigant !
— Oui, d'accord ; mais on s'éloigne de la voiture...

Enigme

Une jeune fille décide d'inscrire les numéros de page sur son journal intime qui comporte 100 pages. Combien de fois inscrira-t-elle le chiffre 9 ?

Solution

20 fois : 9-19-29-39-89-90-91-92-93-94-95-96-97-98-99 (deux fois).

À quoi reconnaît-on un Portugais le jour de son mariage ?
C'EST CELUI QUI A LE PLUS BEAU SURVÊTEMENT.

Pourquoi les soldats soviétiques marchent-ils toujours par trois ?
LE PREMIER SAIT LIRE,
LE DEUXIÈME SAIT ÉCRIRE ET
LE TROISIÈME EST LÀ POUR SURVEILLER CES DEUX INTELLECTUELS.

Quelle différence y a-t-il entre une mamma italienne et une mère juive ?
La mamma italienne va dire à son fils :
"MANGE TA SOUPE !
SINON JE TE TUE !"
et la mère juive dira à son fils :
"MANGE TA SOUPE !
SINON JE ME TUE !"

WC-stretching : étirement des bras et des mains

Assis sur une chaise **(ou sur les toilettes)***, tendez le bras droit la paume de la main vers le haut. Saisissez avec votre main gauche l'extrémité des doigts de votre main droite et tirez progressivement les doigts vers l'arrière. En même temps, tendez votre bras droit au maximum et* **gardez la position 30 secondes***. Passez ensuite à l'autre côté.*

Etre enterré avec son portable

Phénomène apparu en Afrique du Sud, où la croyance en la magie noire fait craindre d'être endormi par un sort et de se réveiller six pieds sous terre, de plus en plus de personnes tiennent à être enterrées avec leur téléphone portable. Ainsi, elles pourront téléphoner à la police. Certaines entreprises de pompes funèbres proposent même de placer dans le cercueil des batteries de rechange. Dans le reste du monde, le cellulaire est considéré comme l'un des signes extérieurs de richesses. On se fait donc enterrer avec, en plus de ses bijoux et vêtements de marque. En Irlande, on enterre le défunt avec tout ce qui a fait son bonheur sur terre, et le téléphone est devenu une source de joie et de réconfort. En Afrique, il est de coutume de placer dans le cercueil du défunt tout ce qui peut lui être utile dans l'au-delà, dont l'indispensable portable.
Il est aussi possible de se faire incinérer avec son téléphone, mais suite à des déflagrations importantes lors de l'explosion de la batterie, les funérariums proposent de déposer l'appareil dans l'urne.
À ce jour, encore personne ne s'est plaint d'entendre des sonneries venant du sol dans les cimetières.

Source : Courrier International, hors série, 2006

"L'argent n'a pas d'odeur"

De 9 à 79 après J.-C.,
l'empereur Vespasien instaura un impôt sur l'urine,
afin de permettre aux foulons de traiter les draps et les peaux. Les urinoirs publics devinrent donc payants, et devinrent pour le peuple les vespasiennes. Le propre fils de Vespasien fut outré de ce nouvel impôt. Devant ses protestations, l'empereur lui mit un jour l'argent récolté sous le nez lui demandant si l'odeur l'incommodait. Il affirma alors, triomphant, que
l'argent n'avait pas d'odeur.

Quelle est la différence entre un routier anglais et un routier français ?

ILS N'ONT PAS LE MÊME BRAS BRONZÉ.

Qu'est-ce qui commence par un P, finit par un N, et tombe des arbres dans le Midi de la France ?

PUTAIN, DES FEUILLES, CON !

Pourquoi les boîtes aux lettres de Prague sont-elles à deux mètres
au-dessus du sol ?

PARCE QUE LES TCHÈQUES POSTENT HAUT.

Adaptation

Un homme ou une femme du monde tentera au maximum de mettre à l'aise son interlocuteur en se mettant à sa hauteur. Ne faites jamais valoir votre supériorité en matière d'intelligence ou de culture sur les autres.

Casseroles

Nettoyez vos casseroles en aluminium pour les faire resplendir, sans utiliser de produit cher et toxique. Faites chauffer sur le feu vos casseroles au fond brûlé avec un verre de vinaigre. Le fond se nettoiera beaucoup plus facilement.

Un budget adapté à votre situation

Un budget réussi est un budget adapté à votre situation. Il est parfois utile de commencer son budget en utilisant un modèle déjà tout fait.
Créez cependant votre propre budget, avec vos catégories de dépense et de revenu pour refléter votre réalité. Vous aurez plus de chances de suivre ce budget que de vous adapter à un modèle qui ne vous convient peut-être pas.
Créez vos catégories asses détaillées pour qu'elles soient facilement identifiables.
Evitez cependant un nombre de catégories trop élevés qui vous ensevelira sous une bureaucratie inutile et vous compliquera la vie sans grands avantages.

Perles des paquets d'emballage

Emballage d'une brosse à dents :
Utiliser le côté avec les poils.

Emballage d'un paquet de cacahuètes :
Avertissement: contient des cacahuètes.

Emballage d'un savon :
Utiliser comme un savon ordinaire.

Emballage d'un costume de superman :
Le port de ce costume ne permet pas de voler.

Sur une bouteille de shampoing :
Rincer après usage.

Sur un briquet :
La flamme peut causer un incendie.

Emballage d'une boîte de biscuits apéritifs :
Instructions :
1. Ouvrir le paquet.
2. Manger les biscuits.

Emballage d'un fer à repasser :
Ne pas repasser les vêtements directement sur le corps.

Emballage d'un médicament contre les insomnies :
Effets secondaires : peut causer de la somnolence.

Emballage d'un produit surgelé :
Suggestion de préparation : décongeler.

Coutumes insolites

Dans une petite ville du Connecticut nommée Hartford, les hommes n'ont pas le droit d'embrasser leur femme le dimanche.

Dans l'État du Massachusetts, aux Etats-Unis, même les duels au pistolets à eau sont passibles d'une peine.

Au Paraguay, les duels sont légaux, à une condition : les deux personnes engagées doivent être enregistrées comme donneurs de sang.

En Arkansas, il est possible pour un homme de battre sa femme sans être inquiété par les autorités, à condition qu'il ne le fasse qu'une fois par mois.

Scanners pour obèses

Selon le Sunday Times, une personne sur cinq est obèse, en Angleterre. Ce qui pose de plus en plus de problèmes aux hôpitaux pour effectuer des scanners et des IRM. En effet, ces appareils sont conçus pour être utilisés sur des personnes pouvant passer par un orifice de 135 cm et pesant moins de 150 kilos. Les médecins se retrouvent donc obligés de demander l'autorisation d'utiliser leurs scanners pour animaux aux zoos et vétérinaires. Ces appareils constituent le seul moyen de détecter les maladies pulmonaires, problèmes cardiaques et tumeurs sur les patients atteints d'obésité.

Morts célèbres en 2007

Mstislav ROSTROPOVITCH

Chef d'orchestre, compositeur, pianiste et violoncelliste
Décédé le 27 avril 2007 (à l'âge de 80 ans)

Grégory LEMARCHAL

Décédé le 30 avril 2007 (à l'âge de 23 ans)

Pierre-Gilles DE GENNES

Physicien et Scientifique (Francais)
Décédé le 18 mai 2007 (à l'âge de 74 ans)

Jean-Claude BRIALY

Décédé le 30 mai 2007 (à l'âge de 74 ans)

Claude POMPIDOU

Décédée le 03 juillet 2007 (à l'âge de 94 ans)

André CHOURAQUI

Avocat, écrivain, homme politique israelien
Décédé le 09 juillet 2007 (à l'âge de 89 ans)

Michel SERRAULT

Décédé le 29 juillet 2007 (à l'âge de 79 ans)

Ingmar BERGMAN

Décédé le 30 juillet 2007 (à l'âge de 89 ans)

Luciano PAVAROTTI

Décédé le 5 septembre 2007 (à l'âge de 71 ans)

À sa mort, Staline arrive devant Saint Pierre. Lequel le dévisage d'un air réprobateur :

— Pour vous, je ne vois guère que l'enfer... Jetez-y un coup d'œil, pour voir.

Staline ouvre la porte sur l'enfer et ses supplices : des damnés sont allongés sur des planches cloutées, et flagellés avec des fouets à clous. Il se tourne alors vers Saint Pierre :

— On n'a vraiment pas le choix ?

— Si, si... Vous avez le choix entre l'enfer communiste et l'enfer capitaliste.

— Eh bien, fait Staline, je vais prendre l'enfer communiste ; il manquera sûrement des clous...

Nounours

Le nom de l'ours en peluche en anglais est Teddy Bear. Il vient du nom de Theodore, célèbre chasseur d'ours. Teddy en est le diminutif.

SUDOKU

Niveau difficile

8			1		9	3		
9			6		2	4		8
6			5			2		7
	6	8			1	5	7	2
		3						6
	2	9		6	5	1	3	
	8	4		1	6		5	3
3		6					2	1
5		7	2		8	6		

Solution p 674

Le permis de conduire non accordé le plus rapide du monde

Une Anglaise a battu le record de ratage de permis de conduire : elle a mis 72 secondes. Juste le temps de s'asseoir dans le véhicule, de dire bonjour, de mettre le contact, puis d'enclencher la marche arrière, défonçant ainsi le mur de l'auto-école.

Les inspirateurs d'E.T.

Pour créer le visage du plus célèbre extraterrestre du cinéma, Steven Spielberg se serait inspiré des traits :

- d'un chat

- du poète Carl Sandburg

- du physicien Albert Einstein

"Prendre son pied"

Cette expression est tirée du vocabulaire de la chasse. À la fin d'une partie de chasse, le veneur procède à la cérémonie du pied. Sous les cors, il choisit la plus belle bête chassée et lui coupe le pied à la première jointure. Après l'avoir posé sur un linge, il l'offre à l'invité qu'il veut honorer. Ce dernier prend alors le pied qui lui revient. Cette récompense qui clôt l'éprouvante partie de chasse a été reprise dans le vocabulaire sexuel, où l'expression désigne le plus souvent la jouissance.

SPÉCIAL ENFANTS : FARCES ET ATTRAPES

LA TROUSSE SURPRISE

Glisse discrètement dans la trousse d'un camarade, pendant la récréation, par exemple, un objet insolite que tu auras trouvé chez toi : un tube de **DENTIFRICE**, une **CUILLER**, une **CHAUSSETTE**...

Test

Mariage : êtes-vous prêt à faire le grand saut ?

Un mot pour définir le mariage :

■ Engagement.

● Confiance.

◆ Fête.

Pour votre voyage de noces, vous aimeriez :

■ Descendre des rocheuses en rafting.

● Venise en gondole.

◆ Remonter le Nil en bateau.

Pour le dîner, vous aimez vous retrouver :

■ Devant la télé avec un plateau repas.

● En famille, autour d'une même table.

◆ Au resto du coin.

Pour vous, le travail est important pour :

■ Les activités diverses qu'il procure.

● Le salaire qu'il rapporte.

◆ Les responsabilités qu'il engendre.

Votre nid d'amour, ce serait :

■ Un petit pavillon avec un jardin.

● Un appartement haussmanien.

◆ Un loft dans un quartier animé.

Que mettez-vous pour dormir ?

■ Un vieux t-shirt publicitaire.

● Un pyjama en pilou.

◆ Comme Marilyn, un pschitt de Chanel n°5 et c'est tout.

Pour vous, la famille, c'est :

■ sacré.

● Rassurant.

◆ Envahissant.

À vos enfants :

■ Vous leur transmettrez les valeurs qui vous semblent importantes.

● Leur éducation se fera fonction de leur sensibilité.

◆ Les profs sont là pour ça, non ?

Et l'amour, alors...

■ La passion amoureuse est primordiale.

● La tendresse est plus importante que la sexualité.

◆ Une vie sans une sexualité n'est pas une vie épanouissante.

Résultats

Majorité de ■

Non seulement vous êtes prêt à vous marier, mais vous semblez fait pour ça. Vous avez été élevé dans le respect de certaines valeurs et vos parents vous ont transmis le sens de la famille. Pour vous, le mariage est synonyme d'engagement et de partage… et cela jusqu'à ce que la mort vous sépare. Vous avez même tendance à voir dans le mariage un projet de vie structuré à élaborer où l'imprévu n'a pas sa place. Cependant, un couple se fait à deux et l'autre a tout autant le droit de choisir le prénom de vos enfants. Tâchez tout de même de laisser un peu de place à l'aventure, sans pour autant mettre de côté ces valeurs qui vous sont si chères.

Majorité de ●

Pour vous, l'essentiel est l'amour. Très attentif à la personne qui partage votre vie, vous préférez vous adapter à elle avant d'imposer vos règles. Parce que vous vous laissez guider davantage par vos sentiments que par la raison, vous recherchez d'abord à vous investir dans votre couple, à vous reposer sur votre conjoint pour construire votre vie qui évoluera sans contraintes excessives au gré des évènements. L'amour guide donc vos pas, au risque de vous laisser passer la corde au cou, mais veillez à affirmer davantage vos valeurs et à imposer votre avis et vos règles de vie, si vous ne voulez pas que cette union soit déséquilibrée.

Majorité de ◆

Se marier, pourquoi pas, même si vous n'en voyez pas bien les avantages. Vous aimez votre vie telle qu'elle est, plus décousue que posée, plutôt rock'n roll même, et vous ne voulez pas vous sentir coincé dans des valeurs et des traditions qui vous feraient vivre la vie de vos parents. Au fond, voulez-vous vraiment sacrifier votre liberté sur l'autel du mariage ?

Boîtes de conserve moins encombrantes

POUR GAGNER DE LA PLACE DANS VOTRE POUBELLE, COUPEZ LE FOND DE LA BOÎTE DE CONSERVE VIDE. ENSUITE, VOUS N'AUREZ QU'À L'APLATIR, TOUT EN INTRODUISANT LES 2 COUVERCLES COUPÉS.

Pourquoi la peau des doigts ride dans l'eau ?

Les doigts et les orteils sont les endroits du corps où la peau est la plus résistante et la plus épaisse. Quand nous les immergeons trop longtemps, la peau se gorge d'eau et, n'ayant pas de place pour s'étendre, a tendance à se replier sur elle-même, donc à rider.

IL N'Y A PAS PLUS FAINÉANT QUE CETTE FAMILLE DANS TOUTE LA CORSE...

Le repas du soir vient de s'achever, et comme on attend le fiancé de la fille, il faudrait bien faire la vaisselle. Mais personne n'y semble disposé.
— C'est moi qui travaille et vous nourris, dit le père. À vous de faire !
— Moi, je l'ai faite le mois dernier, dit la fille. Et j'attends Dominique ; je dois me préparer.
— Moi, j'ai fait le repas, objecte la mère.
Finalement, le père a une idée :
— Voilà : le premier qui parlera fera la vaisselle !
La mère et la fille acquiescent d'un hochement de tête. Et voici Dominique, le fiancé, qui arrive sur son vieux vélo qui fait criiic...criiic à chaque tour de roue. Il pousse la porte, et salue d'un " Bonsoir ! " auquel personne ne répond.
Il s'assied néanmoins à table, et la mère le sert sans un mot...
— Hummm ! excellente, cette soupe !
Le silence perdure ; et quoi qu'il fasse, personne n'ouvre la bouche. Il décide de tenter quelque chose pour que la famille s'exprime enfin. Il passe la main dans le corsage de sa fiancée, lui caresse les seins. Sans aucune réaction !...

Tant qu'à faire, il la saisit, l'assoit sur la table, lui ôte sa culotte et la baise tranquillement. Après quoi, la fille remet sa culotte, se rassoit et se remet à manger sa soupe.
Le fiancé, ahuri, les insulte :
— Bande de malades ! Et dire que j'ai failli épouser votre fille...
Et il repart sur son vélo. criiic...criiic.
— Quels dingues ! criiic...criiic Je me tape leur fille sur la table, et ils s'en foutent ! criiic...criiic J'aurais niqué la mère, c'était pareil.. criiic...criiic Tiens, tiens, la mère ?... criiic...
Il fait demi-tour, criiic... criiic... criiic, rentre dans la maison, et fait subir à la mère le même sort qu'à la fille, et repart hilare...
— Quelle famille de fous ! criiic...criiic. Quelle soirée ! criiic...criiic. Et ce putain de vélo qui me vrille le tympan ! criiic...criiic Il faut que je fasse quelque chose.
Il refait demi-tour, repousse la porte, rentre et fait :
— Vous n'auriez pas du lubrifiant ?
Le père se lève alors, lentement, et dit :
— D'accord, d'accord... Je vais faire la vaisselle...

David Hasselhoff rechute dans l'alcool

L'acteur américain David Hasselhoff, star des séries Alerte à Malibu et K2000, a dû fournir une confession publique sur ses difficultés à lutter contre l'alcoolisme, après la diffusion en mai 2007 d'une vidéo privée le montrant visiblement ivre, tentant de manger un cheeseburger. Le film, tourné trois mois auparavant par sa fille, le montre étendu sur le sol, torse nu, avec en fond sonore la voix de la jeune fille le suppliant d'arrêter de boire.
"Promets-moi que tu vas arrêter", demande sa fille aînée à l'acteur, qui peine à articuler une réponse. "Pourquoi t'infliges-tu cela?", le questionne-t-elle. "Parce que je suis seul. Et que j'ai des problèmes dans ma vie", répond David Hasselhoff, plein d'amertume.
La vidéo a atterri sur le web, poussant la star à se justifier publiquement sur son alcoolisme. : dans un communiqué, David Hasselhoff explique avoir brièvement replongé dans ses travers à l'égard de l'alcool, mais que tout est désormais sous contrôle. "Je suis un alcoolique qui se soigne. Malgré le fait que j'aie vécu un divorce pénible et que j'aie été récemment séparé de mes enfants, en raison de mon travail, j'ai réussi à combattre ce problème", confie David Hasselhoff. "J'ai vu la vidéo, j'ai beaucoup appris, et je me suis ressaisi", dit-il.

Dans un champ de coton d'Alabama, une équipe de dix Noirs travaille d'arrache-pied pour leur maître, un riche propriétaire, blanc bien entendu. Soudain, l'un d'eux en creusant le sol déterre une vieille lampe à huile. Il la nettoie en la frottant sur son pantalon, et dans, un grand éclair, un génie sort de la lampe !
L'esclave appelle ses compagnons, tout émerveillés. Et en plus, le génie leur accorde un vœu chacun !
Ils se disent que pour échapper à leur condition d'esclaves, il suffirait qu'ils deviennent blancs ; et leur vœu est exaucé, à tour de rôle, jusqu'au neuvième : chacun devient blanc en un tournemain !
Enfin arrive le tour du dixième, celui qui a découvert la lampe. Ému par ces métamorphoses, et dans un grand élan d'égalité, il dit au génie :

— **JE VOUDRAIS QU'ON SOIT TOUS PAREILS !**

Et les neuf Blancs redevinrent noirs...

Enigme

800 poissons pondent en moyenne 800 œufs en 8 jours. Combien d'œufs pondent 400 poissons en 4 jours ?

Solution

200. En effet, si 800 poissons pondent 800 œufs en 8 jours, 400 poissons pondent 400 œufs en huit jours. Donc, 400 poissons pondent 200 œufs en 4 jours.

Films pornos pour poissons

Une étude menée par des chercheurs de l'université de Fribourg et rapportée par le journal anglais "The Guardian" montre que certains poissons sont sensibles aux films pornos. En effet, les scientifiques ont filmé des poissons en plein ébat sexuel et en ont diffusé les images devant d'autres poissons. Il est apparu que chez les épinoches (petits poissons dotés d'une épine dorsale), le mâle éjacule davantage après avoir été stimulé par la diffusion de ces films.

Source : Courrier International, hors série, 2006

Consommation d'eau

Depuis 1900,
la population mondiale a triplé.
Mais sa consommation en eau a
été multipliée par 7.
70 % de la consommation revient
à l'agriculture, pour l'irrigation
des cultures,
20 % est dépensé par l'industrie,
10 % pour l'usage domestique.

Idées de dîners en amoureux

À l'improviste, faites un dîner aux chandelles.
Faites un dîner dans le noir, et faites deviner les plats à votre amour.
Imaginez un pique-nique à la maison, par terre sur une couverture, un jour de pluie.
Créez un repas avec uniquement des aliments rouges et roses, pour lui avouer votre flamme.

hi hi hihi

HUMOUR

Un Belge raconte à un de ses amis :

— Si tu savais ce qui m'est arrivé l'autre jour ! Figure-toi que je vais avec la voiture à Paris pour mes affaires. Je passe la frontière, et je vois, sur le bord de l'autoroute, une fille superbe qui faisait du stop. "Je vais à Lyon...", me dit-elle. Je lui explique que moi je vais à Paris, mais que ça la rapprochera, et elle monte. Elle s'assied en retroussant sa jupe presque jusqu'à la culotte ! On part, et au bout d'un certain temps, machinalement, je pose ma main sur son genou. À ce moment-là, elle se penche vers moi, et elle me dit à l'oreille : "Tu peux aller plus loin..."

— Et alors ? fait l'autre.

— Alors, je suis allé jusqu'à **MARSEILLE** !

Faire fuir les fourmis

Pour empêcher les fourmis
d'entrer dans votre maison,
disposez sur leur passage
un peu de jus de citron,
ou une coquille d'œuf
réduite en poudre.
Vous leur barrerez
ainsi la route.

La mort...

C'est pendant la canicule qu'on ouvre le plus de bières.

Philippe VIGNERON

La différence entre un mort et un vivant est de 37 °C.

Jean-Louis FOURNIER

Il faut rire d'être heureux, de peur de mourir sans avoir ri.

Jean de LA BRUYÈRE

Après 60 ans, lorsqu'on n'a mal nulle part, c'est qu'on est mort.

Georges WOLINSKI

Les morts ne seraient à plaindre que s'ils assistaient à leur enterrement.

Roger JUDRIN

Puisque notre destin à tous est de finir dans un trou, fasse le ciel qu'il ait du poil autour !

Frédéric DARD

Mon grand-père est mort, mon père est mort. Je crains que ce ne soit héréditaire.

George Bernard SHAW

Une vie !
Quelques jours,
et puis plus rien !

Guy de MAUPASSANT

Dans la vie d'un homme, il y a deux dates importantes, celle de sa naissance et celle de sa mort. Tout ce qu'on fait entre ces deux dates n'a pas beaucoup d'importance.

Jacques BREL

La reproduction est le commencement de la mort.

James JOYCE

La Toussaint est le jour où les morts de demain vont rendre visite à ceux d'hier.

Henri DUVERNOIS

Le seul sport que j'aie pratiqué, c'est de suivre les enterrements à pied.

Samuel BECKETT

SUDOKU

Niveau facile

1	9	5	2		7	6	8	3
		8	1		6	2		
		6	3	5	8	1		
4	1	7	6	8	9	5	3	2
6	2	9	5		3	8	1	4
		4	8		2	9		
		2	9		5	4		
9	5	1	7		4	3	2	8

Solution p 674

Le "bordel"

C'est le roi pieux Saint-Louis qui ordonna aux prostituées de ne plus exercer à Paris. Elles durent s'établir en bord de ville, le long de la rive gauche de la Seine, dans de petites cabanes appelées bordettes (du latin birdellum). Le mot "bordel" vient donc de là.

Musculation des triceps

Assis, une serviette de bain ou une petite barre dans les mains écartées de la largeur des épaules, tendez les bras au-dessus de la tête.
Descendez lentement et progressivement la serviette ou la barre en arrière de la tête sur la nuque en pliant les bras.
Revenez lentement à la position de départ en tendant complètement les bras.
Veillez bien à conserver les bras en position verticale durant toute la durée du mouvement et évitez que les bras s'écartent l'un de l'autre durant la phase descendante du mouvement.
Expirez lorsque vous tendez les bras et inspirez lorsque vous descendez la serviette ou la barre au niveau de la nuque.
Faites une série de vingt mouvements.

Contrepèteries salaces

Les lutins passent.

Les luttes de l'armée russe émouvaient Tolstoï !

Le notaire avait un clerc infaillible pour trouver des fonds !

Solution

Les putains lassent.

Les larmes de l'utérus émouvaient Tolstoï !

Le notaire avait un flair infaillible pour trouver des cons !

Eviter les crampes

Pour lutter contre
les crampes
nocturnes, rien de tel
qu'un petit truc de grand-mère:
frottez votre drap housse
avec un savon de
Marseille sec.
Veillez bien à placer
le côté du drap enduit
de savon
du côté du matelas.

En marge d'un sommet mondial, les grands chefs d'État ont décidé de comparer la valeur et l'endurance de leurs militaires. George W. Bush, Jacques Chirac et Vladimir Poutine convoquent le meilleur représentant de leurs armées. George W. s'arme d'un poing américain (bien entendu) et frappe violemment son GI au plexus. L'autre se plie un peu de douleur, mais se tait.

— Tu as eu mal ? demande le président.

— Sir, yes, Sir ! hurle le GI.

— Mais tu as supporté ?

— Un GI peut tout supporter, Sir !

Et tandis que George W. le félicite fièrement, Jacques Chirac appelle son légionnaire et lui marque au fer rouge sur l'épaule le numéro de son régiment. Le gars frémit, mais ne dit rien.

— As-tu eu mal, mon ami ?

— Oui, monsieur le président !

— Mais tu as supporté ?

— Un légionnaire ne connaît pas la souffrance !

Chirac est ravi, on s'en doute. On voit alors Poutine prendre un pistolet et tirer dans le pied du soldat russe. La botte est trouée, mais le soldat reste imperturbable, ce qui sidère les deux autres présidents.

Poutine exulte et demande à son soldat :

— Tu n'as pas eu mal ?

— Rien du tout, monsieur le président...

— C'est bien ! Je te donnerai la médaille de la bravoure !

— Eh bien, si c'était possible, j'aimerais aussi des bottes à ma taille. Je chausse du 40, mais depuis deux ans l'intendance ne nous donne que des bottes du 45...

Une Suédoise "sans talent" fait de la publicité pour trouver emploi

Angelika Wedberg, une assistante sociale suédoise de 30 ans, a fait passer dimanche dans le quotidien régional Goteborgs-Posten une publicité (et non une petite annonce) proclamant "Je veux un travail bien payé. Je n'ai pas d'imagination, je suis anti-sociale, pas créative et sans talent."
Depuis, son téléphone n'a cessé de sonner et les propositions d'emploi ont afflué.
Angelika s'est expliquée dans le quotidien Expressen.: "J'ai tout tourné à l'inverse. J'étais fatiguée de faire les choses comme il faut."
Grâce à son audace, la jeune femme, qui s'occupait des personnes âgées, a trouvé un poste chez MapMedia (une agence de publicité) qui lui a proposé un salaire mensuel de 18 000 couronnes, soit près de 2 000 euros, une rémunération supérieure de 30% à celle de son ancien poste.

Bon appétit

Il ne se fait pas de dire "bon appétit". selon les règles de savoir-vivre, manger veut dire déguster, et non remplir son estomac. Si quelqu'un vous dit "bon appétit", ne répondez pas la même chose, ne remerciez pas, contentez-vous de dire : "Vous aussi."

Le hot-dog

Le hot-dog, si apprécié aux Etats-Unis, est une invention venue d'Allemagne. La saucisse, née pour sa part mille cinq cents ans avant J.-C., n'a rien d'une création allemande : très répandue, on la mangeait fraîche dans les pays du nord et sèche (le saucisson) dans le sud où la salaison préservait sa conservation de la chaleur. C'est un boucher allemand de la fin du XIXe siècle, Charles Feltman, aidé d'un ami boulanger, qui eut l'idée de la coincer dans un petit pain (pour que les clients ne se brûlent pas les doigts) et de la vendre dans la rue. Lors de la vague d'émigration européenne vers les Etats-Unis, les Allemands importèrent cette coutume de commerce ambulant. C'est à cette même période que les Américains purent connaître une nouvelle race de chiens, elle aussi importée d'Allemagne : le teckel, dont le corps a une forme qui rappelle étrangement celle d'une saucisse. Pour se moquer des Allemands et de leurs saucisses, dont l'origine était douteuse, ils appelèrent ces sandwiches des " chiens chauds ".

Critique

La critique la plus courte de l'histoire du cinéma a été signée en 1948 par un certain Leonard Maltin, au sujet du film **"Isn't it romantic ?"** ("N'est-ce pas romantique ?"). Elle ne comportait que trois lettres :

"NON."

La Thaïlande instaure un couvre-feu contre le dépucelage pour la Saint-Valentin

Le royaume thaïlandais est prêt à tout pour maintenir sa réputation de pays décent. Mais un sondage publié début février 2007 a mis le feu aux poudres en Thaïlande : selon ses résultats, 30 % des jeunes Thaïlandais attendent la Saint-Valentin pour perdre leur virginité. Alertées par ce chiffre, les autorités ont tout mis en œuvre pour que ces résultats ne deviennent pas réalité. Un couvre-feu nocturne à partir de 22h a donc été décrété. Tout adolescent trouvé sur la voie publique sera raccompagné chez lui ou emmené au commissariat et ses parents prévenus. Un porte-parole du pouvoir a affirmé que les jeunes feraient mieux de penser exclusivement à leur scolarité.

SUDOKU

Niveau moyen

1	6			4	3	8	9	
	4	3		2				
	8	7					3	1
		4		8		3	6	
		2			5	9	7	
3	5	6	4		9			
6	7		5			2		
				3	8	7	4	9
				9				6

Solution p 674

Enigme

Lors d'une course à pied, Simon dépasse le deuxième.
Mais il se fait doubler peu avant la fin par deux concurrents.

À quelle place arrive-t-il ?

Solution

Quatrième.

Contre les ballonnements

POUR ÉVITER LES BALLONNEMENTS DÛS AUX LÉGUMINEUSES, METTEZ UNE PINCÉE DE BICARBONATE DANS L'EAU DE CUISSON.

hi hi hihi

HUMOUR

Un Japonais rencontre l'un de ses copains qui rentre de vacances tout bronzé.

— Alors, c'était comment, ce voyage ? lui demande-t-il, avide d'informations.

— Ben, je ne sais pas encore, **JE N'AI PAS DÉVELOPPÉ LES PHOTOS...**

Un jour, le père Noël décide d'aller en Somalie avec ses lutins. Il demande à ses lutins :

— Pourquoi ces enfants ont-ils aussi maigres ?

— Parce qu'ils ne mangent pas.

— Ils ne mangent pas ? **OK, PAS DE CADEAUX !**

Pourquoi l'urine est-elle jaune ?

L'urine fait partie du système d'évacuation des déchets par l'organisme. Ce sont les reins qui sont chargés de faire le tri entre les éléments indispensables au corps et ceux qui ne le sont pas. Les déchets sont nombreux, mais les deux plus toxiques sont l'ammoniac, rejeté par les cellules, et la bilirubine, produite lors de la dégradation de l'hémoglobine. La mission du rein est de transformer l'ammoniac en urée d'un côté et la bilirubine en urobilinogène de l'autre. C'est de dernier composant qui est responsable de la coloration jaune de l'urine. L'urobilinogène peut être dilué par l'eau, ce qui explique que l'urine est plus claire chez ceux qui boivent beaucoup que chez ceux qui boivent peu.

Jeu

Enigme

Combien de fois peut-on soustraire 4 de 34 ?

Solution

Une seule fois. Ensuite, on soustrait de 30 et non plus de 34.

Van Gogh

Sur les plus de 800 toiles et 700 dessins réalisés dans sa vie, Van Gogh n'a vendu qu'un seul tableau de son vivant. Le tableau le plus cher de Van Gogh est le Portrait du Docteur Gachet, peint en 1890. Il a été vendu à une société japonaise pour 82,5 millions de dollars.

Chaud

La température la plus élevée jamais créée en laboratoire est de 510 000 000 degrés Celsius. C'est 30 fois plus chaud que la température qui règne au cœur de soleil.

Devinette

Grâce à moi,
l'accouchement est avant
la grossesse,
l'adolescence avant
l'enfance
et la mort
avant la vieillesse.

Qui suis-je ?

Solution

Le dictionnaire.

Combien de pull-overs peut produire un mouton ?

Un mouton donne en moyenne 5 kg de laine, dont on peut utiliser 65 % (le reste étant trop sale). Un pull pesant environ 250 g, on peut donc obtenir quatorze pull-overs avec la laine d'un mouton.

Un fonctionnaire corse dit à son chef de service :

— Chef ! Je rentre chez moi **FAIRE LA SIESTE !**

— **LA SIESTE ?** Et pourquoi ?

— Que voulez-vous, moi, je ne peux pas rester **SANS RIEN FAIRE !**

JEU DES 7 ERREURS

CAMPING
WC et douches

Perles de la presse

Il naquit dans la voiture que transportait sa mère à l'hôpital.
Tombola des amis de la société bayonnaise des oiseaux. Le numéro 5967 gagne un fusil de chasse.
Les kinésithérapeutes se sont massés en grand nombre devant les grilles de la préfecture.
Le mystère de la femme coupée en morceaux reste entier.
Très gravement brûlée, elle s'est éteinte pendant son transport à l'hôpital.
Il abusait de la puissance de son sexe pour frapper son ex-épouse.
La conférence sur la constipation sera suivie d'un pot amical.
Deux conducteurs étaient interpellés par les gendarmes en état d'ivresse.
Cette attaque frappe les hommes politiques mais aussi les honnêtes gens.
Détail navrant, cette personne avait déjà été victime l'an dernier d'un accident mortel.
Les mosquées sont très nombreuses car les musulmans sont très chrétiens.
Il a été superficiellement égorgé au bras.
M. Jean C. remercie chaleureusement les personnes qui ont pris part au décès de son épouse.

Elle est décédée mortellement.
Ses dernières paroles furent un silence farouche.
L'église étant en travaux, ses obsèques ont été célébrées à la salle des fêtes.
Vers 18h30, la brigade canine arrive. Tout le monde est sur les dents.
L'arrestation s'est opérée sans infusion de sang.
Cet ancien haltérophile est accusé de vols à l'arraché.
Ayant débuté comme simple fossoyeur, il a, depuis, fait son trou.
Là-bas, la main de l'homme n'a jamais mis les pieds.
Le climat et les eaux sont très humides.
Ses hémorroïdes l'empêchaient de fermer l'œil.
Il s'agit de financer les réparations du presbytère qui a brûlé le jour de la fête des Cendres.
Le syndicat des inséminateurs fait appel a la vigueur de ses membres.
Les brasseurs sont sous pression.
Visiblement, la victime a été étranglée a coups de couteau.
À Montaigu, la fête du 1er mai aura lieu exceptionnellement le 1er mai.
Journée du sang : s'inscrire à la boucherie.
Véritable Pub anglais. Spécialité : couscous.
Suite à ce succès, les acteurs se reproduiront devant vous.

Trucs et astuces

Comment conserver les herbes aromatiques ?

Estragon, menthe, basilic et romarin :
Très fragiles, ces herbes sont toujours vendues très fraîches. Roulez-les dans de l'essuie-tout légèrement humide, puis disposez-les dans le compartiment à légumes du réfrigérateur. Le basilic se conservera deux jours, l'estragon et la menthe quatre, et le romarin une semaine.
Persil :
Plongez les tiges du persil dans l'eau et placez-le en bas du réfrigérateur. Le persil frisé se conserve plus longtemps que le persil plat (7 jours contre 3).
Sauge :
Enfermez-la dans un sac congélation en bas du frigo, elle restera fraîche une semaine.
Thym, laurier :
lorsqu'ils sont frais, coupez-en les racines et plongez-les dans un récipient d'eau, dans le compartiment du bas du réfrigérateur. Ils se garderont une semaine.
Séchés, étalez-les sur une assiette et conservez-les dans un endroit se et tempéré.

Vue sur JFK

Immédiatement après l'assassinat du président Kennedy, à Dallas le 22 novembre 1963, l'immeuble d'où Oswald avait tiré fut mis sous scellés. Les propriétaires de la fenêtre par laquelle il a tiré l'ont d'abord prêtée à un musée puis, à court d'argent, l'ont mise en vente sur Internet. Les enchères ont grimpé beaucoup plus que prévu, jusqu'à atteindre... 3 millions de dollars. C'est un Hollandais qui l'a achetée à ce prix. À ce jour, il aurait dans l'idée d'ouvrir un stand de tir où l'on pourrait tirer de cette fenêtre.

La CIA recrute, et voilà l'ultime épreuve pour les trois derniers sélectionnés. L'agent recruteur s'adresse au premier d'entre eux :
— Pour devenir un parfait agent du CIA, il faut obéir aveuglément à tout ordre de l'Agence — je dis bien : "à tout ordre" —, et être dépourvu de toute émotivité. OK ? Alors, vous allez prendre le Magnum qui est devant vous, entrer dans la pièce voisine, et tuer votre femme, qui est là et qui attend que vous ayez terminé vos épreuves.
Le type, scandalisé, se lève et sort sans un mot.
Le deuxième entre, écoute le même baratin, prend le pistolet, passe dans la pièce... puis revient, disant qu'il lui est impossible d'obéir à un ordre aussi inhumain.
C'est le tour du dernier, genre Rambo plutôt que Rimbaud... Il écoute le discours, prend l'arme sans sourciller, et va dans la pièce voisine. Au bout de quelques instants on entend un coup de feu, puis cinq autres, puis des coups, des vociférations, puis plus rien...
Le gars revient, ébouriffé et ensanglanté, pose le pistolet sur la table et hurle :
— Franchement, le type qui a chargé le pistolet n'y comprend rien ! Il était chargé à blanc, et du coup j'ai dû terminer ma femme à coups de crosse !

Quelle tête aurez-vous quand vous serez vieux ?

Vous voulez savoir à quoi vous ressemblerez dans vingt ans ? C'est possible, en cliquant sur www.infoscotland.com/experience. Vous pourrez utiliser le logiciel de simulation mis au point par des chercheurs de l'université de Saint Andrews, en Écosse. Ce programme anticipe les effets du vieillissement sur la texture, la couleur et l'élasticité du teint à partir de la physionomie actuelle du sujet et de son âge. Le logiciel prend compte de divers facteurs de vieillissement, tels l'alcool, le soleil ou le tabac, qui peut accélérer de 15 % la sénescence des tissus.

mots croisés

Horizontalement

1. Il fait voir du pays.
2. Un fond de Téquila - Club de football.
3. A pris sa décision toute seule.
4. Trou paumé - Au-dessus du roi - Paradis anglais.
5. Tête de belge - Séductrice.
6. Révolution - Dames ou petits chevaux - Epargne en entreprise.
7. A l'entrée de Strasbourg - Sortir des cartons.
8. Sous l'eau - Dieu solaire - Onde courte.
9. Fatales.
10. Animal lent - Fleuve blanc ou bleu - Petit biscuit.
11. Choisirent une voie... chère.
12. accord espagnol - Crue - Se servira.

Verticalement

1. Dynastie arabe.
2. Riche - Queue de ra dans un jeu de cartes.
3. Pronom - Style musical de banlieue.
4. Ville de carnaval.
5. Parti de Mahmoud Abbas - Négation - Club de foot - Habitudes.
6. D'Asuncion ou d'Encarnation.
7. Eut du courage - Déjà entendue.
8. Fort et solide - Sac retourné - Outre-manche - Caroline ou Dominique.
9. ... et venue - Groupe terrorriste - Onde courte.
10. Changeantes.
11. Conduire - Lieu d'oubli.
12. Pleine - Un petit tour.
13. Numérotée de deux côté - Truc de renard.

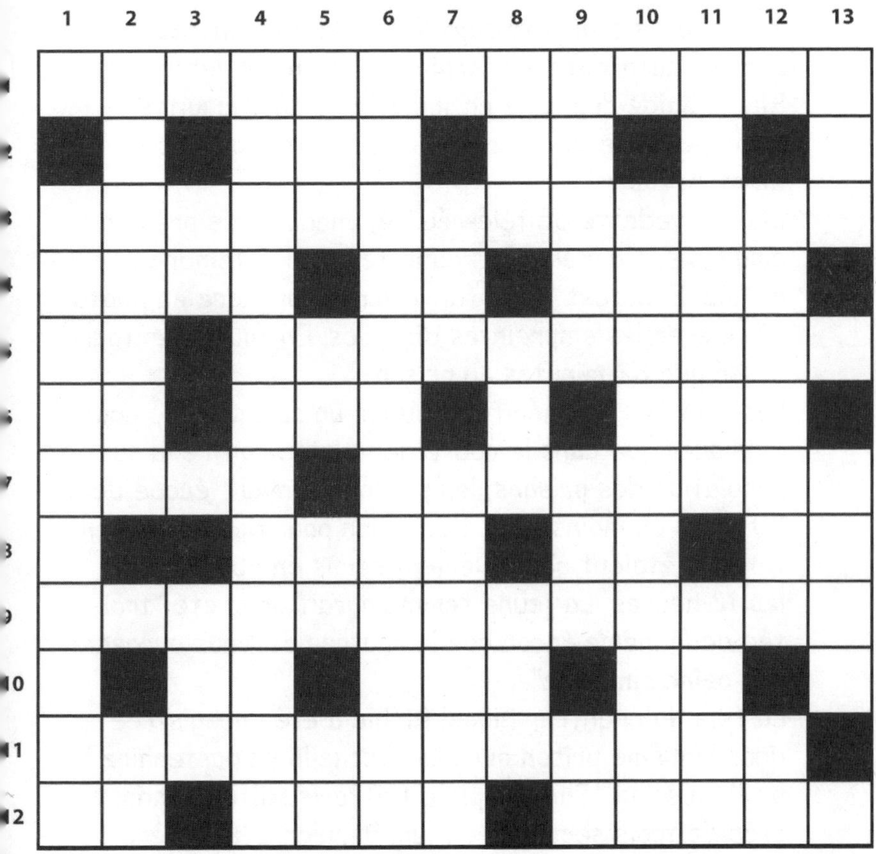

Solution p 677

People

Nicole Richie : 82 minutes en prison

Nicole Richie, 25 ans, a été arrêtée le 11 décembre 2006 après avoir été signalée roulant à contresens sur une autoroute californienne, selon les autorités. Elle a plaidé coupable en juillet et a dû s'acquitter d'une peine de 90 heures pour conduite sous l'emprise de stupéfiants.
Mais la vedette de télé-réalité, enceinte de près de cinq mois, n'a même pas eu le temps d'atteindre sa cellule. Elle s'est juste fait inscrire, prendre en photo et relever les empreintes digitales. En tout, elle n'aura passé que 82 minutes en prison.
Les services du shérif ont publié un communiqué pour expliquer que dans le cadre de la lutte contre la surpopulation des prisons, les personnes ayant écopé de 30 jours ou moins d'incarcération pour des délits non violents étaient généralement remis en liberté dans les 12 heures. La jeune femme aurait donc été "traitée de la même façon que les autres détenus purgeant une peine similaire".
La fille du chanteur Lionel Richie a été enregistrée dans la même prison qui avait accueilli sa partenaire de l'émission "The Simple Life" Paris Hilton pendant près de trois semaines en juin dernier. L'héritière de la chaîne hôtelière Hilton avait été déclarée coupable de conduite en état d'ivresse et violation d'une suspension de permis.

SUDOKU

Niveau difficile

			7				9	
				5			6	
1				6	9			2
	8				1	4		
9		4				5		7
		6	8				3	
4			9	1				5
	7			8				
	3				7			

Solution p 674

Bélier (21 mars - 20 avril)

Vie professionnelle : profitez des possibilités qui se présenteront jusqu'au 26 janvier. Jupiter en Sagittaire vous donnera de la chance dans les nouveaux projets. Votre volonté et ambition innée vous permettront d'y arriver.
Vie amoureuse : Le 7 avril, Vénus rentre dans votre signe Solaire : vous atteindrez un vrai épanouissement affectif ! Les astres vous conseillent d'étonner votre partenaire avec des petits gestes. Un voyage à deux peut vous apporter un bien-être dans votre vie intime. Les célibataires verront leur existence se transformer grâce à une rencontre positive.
Mois fort : janvier.
Mois faible : octobre.

Le saviez-vous ?
Le Bélier est le premier signe du zodiaque.
C'est un signe de feu, cardinal, masculin.
Sa planète maîtresse est Mars, l'astre de la guerre et de l'action.
Sa couleur est le rouge, son jour est le mardi, son minéral l'héliotrope.
Sa devise : Je fonce donc je suis !
Il s'entend avec le Lion, le Sagittaire, les Gémeaux et le Verseau.
Il ne correspond pas au Cancer, au Capricorne et à la Balance.
Ses qualités : actif, dynamique, courageux, franc, enthousiaste, extraverti, direct, optimiste.
Ses défauts : impulsif, précipité, maladroit, arrogant, colérique, dominateur, impatient.

Quelques Béliers célèbres :
Russell CROWE,Charlie CHAPLIN, Marlon BRANDO, Céline DION, Mariah CAREY, Serge GAINSBOURG, PAPE BENOIT XVI, Steven SEAGAL, Elton JOHN, Vincent VAN GOGH, Jean-Pierre PERNAUT, Philippe de VILLIERS, Roch VOISINE, Fanny ARDANT...

Taureau (21 avril - 20 mai)

Vie professionnelle : Une très belle année s'annonce devant vous, elle aura un effet libérateur et purificateur. Vous serez un constructeur à long terme, vous aurez de la chance dans l'immobilier et les opérations financières. Saturne en Vierge et Jupiter en Capricorne à partir du 26 janvier feront des merveilles dans votre vie professionnelle.
Vie amoureuse : La planète de l'amour vous invitera à partager d'agréables moments avec ce que vous aimez, surtout à partir du 25 janvier (Vénus rentre en Capricorne). Vous serez capable de séduire les personnes de votre choix.
Mois forts : mai et septembre.
Mois faible : janvier.

Le saviez-vous ?
Le Taureau est le deuxième signe du zodiaque.
C'est un signe de terre, fixe, féminin.
Sa planète maîtresse est Vénus, l'astre de l'amour et de la séduction.
Sa couleur est le vert ou le brun, son jour est le vendredi, son minéral l'émeraude.
Sa devise : "J'ai !"
Il s'entend avec la Vierge, le Capricorne, le Cancer et les Poissons.
Il ne correspond pas au Lion, au Verseau et est opposé au Scorpion.
Ses qualités : constant, solide, patient, régulier, constructif, loyal, robuste, calme, fidèle, productif.
Ses défauts : lent, obstiné, possessif, jaloux, matérialiste, passif, routinier, borné.

Quelques Taureaux célèbres :
Bernadette CHIRAC, George CLOONEY, Uma THURMAN, Adolphe HITLER, Al PACINO, Nicolas HULOT, Jack NICHOLSON, Yannick NOAH, Michelle PFEIFFER, PAPE JEAN-PAUL II, Carmen ELECTRA, LORIE, Rocco SIFFREDI, Penelope CRUZ, Léonard de VINCI, Saddam HUSSEIN, Patrick BRUEL, Sigmund FREUD, Nikos ALIAGAS, Laura PAUSINI, CHER, Tony BLAIR, William SHAKESPEARE, David BECKHAM...

Gémeaux (21 mai - 21 juin)

Vie professionnelle : cette année, votre entourage admirera votre facilité si naturelle à nouer des relations. Vous aimez l'être humain et partager de bons moments, de bons projets avec des gens qui valent la peine. Pour ne pas douter de vous-même, les astres vous conseillent de suivre votre instinct et de ne pas cogiter pendant des heures voir des jours.
Vie amoureuse : Vénus dans votre signe solaire, le mois de mai fera de vous une boule de douceur, de tendresse et de bienveillance! Les célibataires profiteront d'une rencontre magnifique, les mariés sortiront de la routine et iront vers l'épanouissement à deux !
Mois fort : juin.
Mois faible : décembre.

Le saviez-vous ?
Le Gémeau est le 3ème signe du zodiaque.
C'est un signe d'air, mutable, masculin.
Sa planète maîtresse est Mercure, l'astre de la réflexion et de l'analyse.
Sa couleur est le vert ou l'argenté, son jour est le mercredi, son minéral le cristal.
Sa devise : "Je pense".
Il s'entend avec la Balance, le Verseau, le Lion et le Bélier.
Il ne correspond pas à la Vierge, au Poisson et est opposé au Sagittaire.
Ses qualités : mobile, intellectuel, sociable, indépendant, expressif, malin, vif, pétillant, ingénieux.
Ses défauts : nerveux, lunatique, dispersé, capricieux, instable, insouciant, changeant, éparpillé, négligent.

Quelques Gémeaux célèbres :
Angelina JOLIE, Johnny DEPP, Rafael NADAL, Nicole KIDMAN, PRINCE, Kylie MINOGUE, Alain SOUCHON, Marilyn MONROE, CHE GUEVARA, Naomi CAMPBELL, Natalie PORTMAN, Johnny HALLYDAY, John Fitzgerald KENNEDY, Bob DYLAN, Clint EASTWOOD, Jamel DEBBOUZE, Charles AZNAVOUR,Paul McCARTNEY, Elizabeth HURLEY, Jean DUJARDIN, Michèle LAROQUE...

Cancer (22 juin - 22 juillet)

Vie professionnelle : Faites attention à d'éventuelles frustrations qui risquent de vous envahir avec Saturne en Vierge et Jupiter en Capricorne. Uranus en Poissons peut provoquer des changements dans votre situation professionnelle. Une remise en question sera nécessaire pour votre progrès dans le futur.
Vie amoureuse : Gouverné par la Lune, vous n'êtes pas quelqu'un de constant. Vous êtes irrégulier dans vos actions et vos relations, même si parfois vous pouvez faire preuve de fidélité. Vous avez besoin de vous sentir protégé et cela d'une façon permanente. Les couples doivent faire attention à d'éventuelles disputes, les célibataires risquent de ne pas rencontrer la bonne personne.
Moins fort : août
Mois faible : septembre

Le saviez-vous ?
Le Cancer est le 4ème signe du zodiaque.
C'est un signe d'eau, cardinal, féminin.
Sa planète maîtresse est la Lune, l'astre de l'émotion et de l'inconscient.
Sa couleur est le blanc ou le noir, son jour est le lundi, son minéral la pierre de lune.
Sa devise : "Je sens ".
Il s'entend avec le Poisson, le Scorpion, la Vierge et le Taureau.
Il ne correspond pas au Bélier, à la Balance et est opposé au Capricorne.
Ses qualités : instinctif, sentimental, sensible, fidèle, généreux, émotif, tendre, romantique.
Ses défauts : craintif, irréaliste, susceptible, angoissé, fuyant, lunatique, angoissé, entêté, paresseux, pesant.

Quelques Cancers célèbres :
Tom CRUISE, Nelson MANDELA, Ringo STARR, Liv TYLER, Meryl STREEP, Pamela ANDERSON, Samy NACERI, Courtney LOVE, DALAI LAMA, Isabelle BOULAY, Brigitte NIELSEN, Michel POLNAREFF, Tom HANKS, Roi du Maroc HASSAN II, Victoria ABRIL, Charlotte GAINSBOURG, Princesse LADY DI, Isabelle ADJANI, George MICHAEL, Zinedine ZIDANE, Sylvester STALLONE, Harrison FORD, Jean-Luc DELARUE...

Lion (23 juillet - 22 août)

Vie professionnelle : Attention à votre fierté qui risque de se révéler exagérée dans les deux premiers mois de l'année. Vous ferez preuve d'une grande ténacité mais n'oubliez pas de pardonner à des personnes plus fragiles que vous. Persévérant, vous mettrez beaucoup d'énergie dans vos démarches professionnelles.
Vie amoureuse : veillez à la stabilité de votre couple car, avec Neptune en Verseau, vous risquez de passer quelques crises vers le mois de juin. Vous risquez de prendre l'initiative de vous séparer de votre partenaire pour pouvoir l'aimer plus librement. Il ne comprendra pas du tout votre conduite mais l'avenir vous donnera raison.
Mois fort : février
Mois faible : novembre

Le saviez-vous ?
Le Lion est le 5ème signe du zodiaque.
C'est un signe de feu, fixe, masculin.
Sa planète maîtresse est le Soleil, représentant la force et les projets conscients.
Sa couleur est l'or, son jour le dimanche, son minéral le diamant.
Sa devise : "J'aime".
Il s'entend avec le Sagittaire, le Bélier, les Gémeaux et la Balance.
Il ne correspond pas au Taureau, au Scorpion et est opposé au Verseau.
Ses qualités : déterminé, généreux, chaleureux, conquérant, loyal, juste, créateur, volontaire, brillant, rayonnant.
Ses défauts : fier, égocentrique, autoritaire, susceptible, dominateur, vaniteux, audacieux, entêté, intolérant, colérique.

Quelques Lions célèbres :
ABBE PIERRE, Ben AFFLECK, Louis de FUNES, Marc LAVOINE, Sean PENN, Mick JAGGER, Robert de NIRO, Audrey TAUTOU, Sandra BULLOCK, Alfred HITCHCOCK, Arnold SCHWARZENEGGER, MADONNA, Roman POLANSKI, Sylvie VARTAN, Antonio BANDERAS, Bill CLINTON, Jean RENO, Jennifer LOPEZ, Robert REDFORD, Halle BERRY, Thierry HENRY, Whitney HOUSTON, Emmanuelle BEART, Dustin HOFFMAN...

Vierge (23 août - 22 septembre)

Vie professionnelle : Votre sens de l'hospitalité n'est plus à démontrer. En 2008, vous modifierez positivement votre travail et vous aurez la possibilité d'évoluer dans votre métier. Une formation peut se présenter. Vous serez apprécié dans tout ce que vous entreprendrez.
Vie amoureuse : Vous serez désireux de bien faire et vous comblerez tous les désirs de votre partenaire. Célibataires, vous serez attirés par des personnes inaccessibles, mais vous aurez toutes les chances de votre côté pour les séduire.
Mois forts : mai, septembre et octobre.
Mois faible : décembre.

Le saviez-vous ?
La Vierge est le 6ème signe du zodiaque.
C'est un signe de terre, mutable, féminin.
Sa planète maîtresse est Mercure, représentant l'intelligence et les réflexions approfondies.
Sa couleur est le vert, son jour est le mercredi, son minéral l'agate.
Sa devise : "Je sers".
Elle s'entend avec le Taureau, le Capricorne, le Cancer et le Scorpion.
Elle ne correspond pas aux Gémeaux, au Sagittaire et est opposée aux Poissons.
Ses qualités : cérébrale, pointilleuse, amoureuse du détail, concrète, serviable, organisée, disciplinée, spirituelle, raisonnable, perspicace, propre, appliquée.
Ses défauts : froide, étroite d'esprit, calculatrice, coincée, agaçante, mesquine, trop timide, personnelle et égoïste.

Quelques Vierges célèbres :
Ségolène ROYAL, Jean-Michel JARRE, Agatha CHRISTIE, Greta GARBO, Hugh GRANT, Sophia LOREN, Mère TERESA, LOUIS XIV, Freddie MERCURY, BEYONCE, Keanu REEVES, Adriana KAREMBEU, Claudia SCHIFFER, Mylène FARMER, Sean CONNERY, Stephen KING, Michael JACKSON, Cameron DIAZ, Cécile de MENIBUS, Richard GERE, Eve ANGELI,Julio IGLESIAS, Salma HAYEK...

Balance (23 septembre - 22 octobre)

Vie professionnelle : Les choses avanceront tout doucement, vu que Saturne est en Vierge et Jupiter en capricorne. Si vous arrivez à rester calme et déterminé dans vos objectifs, les difficultés vont s'estomper et de belles perspectives se dessineront à l'horizon.
Vie amoureuse : vous risquez d'être pris entre deux feux, là aussi il faudra choisir. Si vous ne tirez pas définitivement un trait sur le passé, vous ne traverserez pas cette année avec bonheur. Il est temps de réagir et de voir la vie autrement.
Moins fort : octobre.
Mois faible : juillet.

Le saviez-vous ?
La Balance est le 7ème signe du zodiaque.
C'est un signe d'air, cardinal, masculin.
Sa planète maîtresse est Vénus, l'astre de l'amour, de la séduction et de la tendresse.
Sa couleur est le bleu ou le rouge, son jour est le vendredi, son minéral l'opale.
Sa devise : "Nous sommes".
Elle s'entend avec le Gémeau, le Verseau, le Lion et le Sagittaire.
Elle ne correspond pas au Cancer, au Capricorne et est opposée au Bélier.
Ses qualités : charmeuse, équitable, prévenante, loyale, raffinée, sympathique, douce, calme, artiste, esthète, tolérante, sociable et séductrice.
Ses défauts : peureuse, fragile, indécise, hésitante, égoïste, faible, froide et indolente.

Quelques Balances célèbres :
STING, Monica BELLUCCI,Vladimir POUTINE, Sigourney WEAVER, Arthur RIMBAUD, EMINEM, Kate WINSLET, Friedrich NIETZSCHE, Michael DOUGLAS, Catherine DENEUVE, Ingrid CHAUVIN, Luciano PAVAROTTI, Jean-Jacques GOLDMAN, Matt DAMON, France GALL, Jean-Claude VAN DAMME, Sophie FAVIER, Mahatma GANDHI, Nolwenn LEROY, Catherine ZETA-JONES, Brigitte BARDOT, Brigitte LAHAIE, John LENNON...

Scorpion (23 octobre - 21 novembre)

Vie professionnelle : Votre intelligence innée, votre intégrité et votre bon sens vous assureront un beau succès professionnel durant cette année. Votre esprit sera toujours en éveil et vous obtiendrez une belle promotion. C'est un bon moment pour commencer une nouvelle activité ou au moins évoluer dans le métier actuel.
Vie amoureuse : L'année 2008, c'est le renouveau que vous attendiez tant. Jupiter en capricorne sera votre associé, il vous permettra d'affirmer votre personnalité et de vous engager encore plus dans leurs relations existantes. De bons moments et beaucoup de bonheur vous attendent dans votre vie affective.
Mois fort : février.
Mois faible : avril.

Le saviez-vous ?
Le Scorpion est le 8ème signe du zodiaque.
C'est un signe d'eau, fixe, féminin.
Sa planète maîtresse est Pluton, l'astre de la puissance intérieure, de l'intuition et des secrets.
Sa couleur est le noir ou le rouge foncé, son jour est le mardi, son minéral – la malachite.
Sa devise : "Nous avons".
Il s'entend avec le Poisson, le Cancer, la Vierge et le Capricorne.
Il ne correspond pas au Lion, au Verseau et est opposé au Taureau.
Ses qualités : passionné, magnétique, affirmé, ambitieux, instinctif, intuitif, secret, combatif, persévérant, puissant, fascinant, séduisant.
Ses défauts : angoissé, têtu, destructeur, dominateur, égocentrique, dissimulateur, indomptable, révolté, possessif, jaloux, anxieux, critiquant les autres.

Quelques Scorpions célèbres :
Alain DELON, Bill GATES, Grace KELLY, MARIE ANTOINETTE, Prince CHARLES, Jeff BUCKLEY, Jodie FOSTER, COLUCHE, Soeur EMMANUELLE, Demi MOORE, Leonardo DICAPRIO, Hillary CLINTON, Cécilia SARKOZY, Charles de GAULLE, François MITTERRAND, Meg RYAN, Florent PAGNY, Julia ROBERTS, Joe DASSIN, Sophie MARCEAU, PICASSO, BJORK, Franck DUBOSC...

Sagittaire (22 novembre - 21 décembre)

Vie professionnelle : Vous refuserez de vous laisser enfermer dans les mailles du filet, vous obéirez à vos propres lois. Jupiter en capricorne risque de vous faire aller plus doucement, mais cela aura ses avantages. Durant cette année, vous profiterez des fruits, résultat de ce que vous avez semé les années précédentes.
Vie amoureuse : Les affaires amoureuses occuperont vos pensées. Vous rêvez d'un bonheur sans nuages et vous avez bien raison. Votre envie d'évoluer dans vos amours vous fera progresser. Un changement important se présentera au printemps.
Mois fort : août.
Mois faible : juin.

Le saviez-vous ?
Le Sagittaire est le 9ème signe du zodiaque.
C'est un signe de feu, mutable, masculin.
Sa planète maîtresse est Jupiter, l'astre de la chance et de la réussite.
Sa couleur est le bleu océan, son jour est le jeudi, son minéral l'émeraude.
Sa devise : "Nous pensons".
Il s'entend avec le Bélier, le Lion, la Balance et le Verseau.
Il ne correspond pas à la Vierge, au Poissons et est opposé au Gémeau.
Ses qualités : énergique, optimiste, bienveillant, extraverti, drôle, fascinant, philosophe, intéressant, adaptable, aventurier, franc, indépendant, charismatique, fougueux, jovial, courageux ;
Ses défauts : démonstratif, exubérant, brutal, inconscient, manquant de tact, infidèle, inconstant, colérique, autoritaire, désobligeant.

Quelques Sagittaires célèbres :
Jimi HENDRIX, Jacques CHIRAC, Brad PITT, Walt DISNEY, Edith PIAF, Tina TURNER, Béatrice DALLE, Jim MORRISON, Ludwig Von BEETHOVEN, Scarlett JOHANSSON, Steven SPIELBERG, Francis CABREL, Britney SPEARS, Frank SINATRA, Woody ALLEN, Milla JOVOVICH, Christina AGUILERA, Vincent CASSEL, Claire CHAZAL, Patricia KAAS, Bruce LEE, Kim BASINGER, Jean-Pierre FOUCAULT, John MALKOVICH...

Capricorne (22 décembre - 20 janvier)

Vie professionnelle : Vous serez le signe fort de l'année. Avec Jupiter en Capricorne à partir de 26 janvier, la chance vous sourira dans votre travail. Votre tempérament n'est pas fait pour les aventures mais durant cette nouvelle année, vous serez prêt à investir beaucoup dans son nouveau projet. Vous aurez la protection des astres.
Vie amoureuse : Le moment fort pour des rencontres affectives se révèle être janvier et décembre. Lancez-vous vers la construction solide, vous le méritez. Laissez vos réflexions de côté et vivez l'amour avec un grand A.
Mois fort : octobre.
Mois faible : juillet.

Le saviez-vous ?
Le Capricorne est le 10ème signe du zodiaque.
C'est un signe de terre, cardinal, féminin.
Sa planète maîtresse est Saturne, l'astre de la discipline et de la justice.
Sa couleur est le noir ou le gris, son jour est le samedi, son minéral le jade.
Sa devise : "Nous réalisons".
Il s'entend avec la Vierge, le Taureau, les Poissons et le Scorpion.
Il ne correspond pas au Bélier, à la Balance et est opposé au Cancer.
Ses qualités : sérieux, ambitieux, honnête, fidèle, traditionaliste, responsable, travailleur, patient, réfléchi, résistant, solitaire ;
Ses défauts : égoïste rigide, froid, peu émotionnel, frustré, calculateur, cruel, indifférent, austère, distant, renfermé, mesquin, antipathique, impitoyable, sceptique.

Quelques Capricornes célèbres :
Elvis PRESLEY, Martin Luther KING, DALIDA, Cary GRANT, Lara FABIAN, Jim CARREY, Carla BRUNI, Joseph STALINE, Orlando BLOOM, Nicolas CAGE, Ricky MARTIN, Jeanne d'ARC, Françoise HARDY, Gérard DEPARDIEU, Michel de NOSTRADAMUS, Mel GIBSON, Anthony HOPKINS, David BOWIE, Michael SCHUMACHER, Kevin COSTNER, Pascal OBISPO, Vanessa PARADIS, Marilyn MANSON, Isaac NEWTON, Kate MOSS...

Verseau (21 janvier - 18 février)

<u>Vie professionnelle :</u> A force d'être trop tête en l'air, vous risquez de faire des erreurs qui peuvent vous causer quelques soucis professionnels. Neptune dans votre signe solaire développera votre intuition en ce qui concerne de nouveaux projets liés à la modernité.
<u>Vie amoureuse :</u> Vous aurez l'impression que votre relation évolue très lentement à votre goût. Vous devrez agir avec tact pour détendre votre partenaire. Si vous êtes en couple depuis quelques années, n'hésitez pas et dites " oui " à l'engagement. Tout le positif est à venir.
<u>Mois fort :</u> mars.
<u>Mois faible :</u> octobre.

<u>Le saviez-vous ?</u>
Le Verseau est le 11ème signe du zodiaque.
C'est un signe d'air, fixe, masculin.
Sa planète maîtresse est Uranus, l'astre des mouvements, des changements brusques et imprévus.
Sa couleur est le bleu marine ou l'indigo, son jour est le samedi, son minéral - le saphir.
Sa devise : "Nous aimons".
Il s'entend avec les Gémeaux, la Balance, le Sagittaire et le Bélier.
Il ne correspond pas au Taureau, au Scorpion et est opposé au Lion.
Ses qualités : idéaliste, indépendant, excentrique, innovant, humaniste, amical, généreux, original, altruiste, surprenant, créateur ;
Ses défauts : froid, inadapté, contradictoire, insaisissable, distant, utopique, marginal, détaché, ne supportant aucune contrainte...

<u>Quelques Verseaux célèbres :</u>
Nicolas SARKOZY, Ronald REAGAN, Claude FRANCOIS, Bernard TAPIE, Michel SARDOU, RONALDO, Bob MARLEY, Robbie WILLIAMS, John TRAVOLTA, Axelle RED, Wolfgang Amadeus MOZART, Phil COLLINS, Michael JORDAN, Jennifer ANISTON, SHAKIRA, Caroline de MONACO, Justin TIMBERLAKE, Natasha ST PIER, Daniel BALAVOINE, James DEAN, Mike BRANT, Jules VERNE, Matt DILLON, Jeanne MOREAU...

Poissons (19 février - 20 mars)

Vie professionnelle : Très belle période pour faire des rencontres qui auront une influence positive dans votre vie. L'année 2008 se révèle importante en tout ce qui concerne les collaborations et les associations. De plus, vous recevrez une augmentation financière.
Vie amoureuse : Vous aurez de la chance dans vos amours. Sensible et émotif, vous ferez preuve d'une exceptionnelle maturité, ce qui donnera de la confiance à votre partenaire. N'hésitez pas et voyagez, profitez de la vie.
Mois fort : avril
Mois faible : octobre

Le saviez-vous ?
Le Poisson est le 12ème et dernier signe du zodiaque.
Il représente la fin d'un cycle, c'est le signe le moins attaché au terrestre.
C'est un signe d'eau, mutable, féminin.
Sa planète maîtresse est Neptune, dieu de l'océan.
Sa devise est : "Nous servons".
Sa couleur est le vert ou le violet, son minéral l'améthyste, son jour le jeudi.
Il s'entend avec le Cancer, le Scorpion, le Taureau et le Capricorne.
Il ne correspond pas aux Gémeaux, à la Vierge et au Sagittaire
Ses qualités : sensibilité, romantisme, imagination, adaptation facile, humain et dévoué.
Ses défauts : mensonger, influençable, négligeant, évasif, paresseux, vulnérable.

Quelques Poissons célèbres :
Victor HUGO, Albert EINSTEIN, Luc BESSON, Frédéric CHOPIN, Bruce WILLIS, Monica CRUZ, Jon BON JOVI, Cindy CRAWFORD, MICHEL-ANGE, Eva LONGORIA, Sharon STONE, Kurt COBAIN, Albert de MONACO, Ornella MUTI, Lolo FERRARI, ARTHUR, Ursula ANDRESS, Drew BARRYMORE, Nicolas COPERNIC, Elizabeth TAYLOR, Ossama Ben LADEN, Ophélie WINTER, Chuck NORRIS...

SOLUTIONS DES JEUX

Solutions des sudokus

sudoku p 25

3	4	1	2	8	5	9	7	6
9	2	5	7	6	1	3	4	8
8	7	6	3	9	4	1	2	5
4	5	9	6	1	3	7	8	2
2	1	7	4	5	8	6	3	9
6	8	3	9	2	7	4	5	1
1	2	3	9	7	9	5	6	4
7	8	9	5	4	6	2	1	3
5	6	4	1	3	2	8	9	7

sudoku p 86

7	5	8	1	3	2	4	6	9
9	2	4	7	8	6	1	3	5
6	3	1	9	5	4	7	2	8
4	8	6	3	9	7	5	1	2
1	9	3	4	2	5	6	8	7
2	7	5	8	6	1	9	4	3
5	1	7	2	4	8	3	9	6
3	6	2	5	1	9	8	7	4
8	4	9	6	7	3	2	5	1

sudoku p 136

7	2	6	4	8	9	3	1	5
1	9	4	3	6	5	2	7	8
5	8	3	1	2	7	4	9	6
6	1	9	2	5	4	8	3	7
4	7	2	8	3	1	5	6	9
3	5	8	7	9	6	1	2	4
9	6	1	5	4	2	7	8	3
8	4	7	6	1	3	9	5	2
2	3	5	9	7	8	6	4	1

sudoku p 161

7	9	5	8	4	2	3	6	1
8	6	1	5	9	3	4	2	7
4	2	3	1	6	7	8	5	9
2	1	4	7	5	9	6	8	3
5	8	9	3	2	6	7	1	4
6	3	7	4	8	1	2	9	5
3	4	2	9	1	8	5	7	6
1	5	8	6	7	4	9	3	2
9	7	6	2	3	5	1	4	8

sudoku p 200

8	1	6	4	7	3	5	9	2
2	4	9	5	8	6	7	1	3
5	7	3	9	2	1	4	8	6
9	5	1	2	4	7	6	3	8
3	2	7	6	9	8	1	4	5
4	6	8	1	3	5	2	7	9
1	8	4	3	5	2	9	6	7
7	9	5	8	6	4	3	2	1
6	3	2	7	1	9	8	5	4

sudoku p 237

6	5	4	1	9	3	2	7	8
9	1	2	8	7	4	6	3	5
7	8	3	6	5	2	1	4	9
1	9	6	3	4	7	8	5	2
2	3	8	9	1	5	7	6	4
4	7	5	2	8	6	3	9	1
5	2	7	4	6	1	9	8	3
8	4	1	7	3	9	5	2	6
3	6	9	5	2	8	4	1	7

sudoku p 252

5	8	6	4	7	3	1	2	9
3	2	9	8	5	1	6	4	7
4	7	1	2	9	6	5	8	3
8	1	4	6	3	2	7	9	5
7	6	5	9	4	8	2	3	1
9	3	2	7	1	5	4	6	8
2	5	8	3	6	7	9	1	4
6	4	7	1	8	9	3	5	2
1	9	3	5	2	4	8	7	6

sudoku p 307

5	3	8	4	7	9	1	6	2
9	6	1	3	2	8	4	7	5
4	2	7	5	6	1	3	9	8
1	9	4	6	3	2	8	5	7
6	8	5	9	4	7	2	1	3
2	7	3	1	8	5	9	4	6
3	5	6	2	1	4	7	8	9
7	4	2	8	9	6	5	3	1
8	1	9	7	5	3	6	2	4

sudoku p 332

3	4	9	1	8	2	5	6	7
7	1	6	4	5	3	9	8	2
2	8	5	9	7	6	1	3	4
4	6	3	7	2	1	8	5	9
8	5	1	6	4	9	2	7	3
9	2	7	8	3	5	4	1	6
1	9	8	2	6	7	3	4	5
5	7	4	3	9	8	6	2	1
6	3	2	5	1	4	7	9	8

sudoku p 361

1	4	2	8	7	3	6	9	5
3	9	8	4	6	5	7	2	1
6	7	5	2	9	1	4	3	8
9	3	4	5	1	6	8	7	2
7	8	6	3	4	2	5	1	9
2	5	1	9	8	7	3	4	6
4	1	3	6	5	9	2	8	7
8	6	7	1	2	4	9	5	3
5	2	9	7	3	8	1	6	4

sudoku p 378

6	7	1	4	2	5	9	3	8
3	4	2	9	6	8	5	1	7
5	9	8	1	7	3	2	6	4
1	2	9	5	4	6	7	8	3
7	5	4	3	8	2	6	9	1
8	3	6	7	9	1	4	2	5
4	8	5	2	1	9	3	7	6
9	6	3	8	5	7	1	4	2
2	1	7	6	3	4	8	5	9

sudoku p 419

7	4	3	2	8	6	1	9	5
6	2	5	4	9	1	8	3	7
8	1	9	5	7	3	6	2	4
1	8	4	9	6	7	2	5	3
2	9	6	3	5	8	7	4	1
5	3	7	1	2	4	9	6	8
3	6	2	8	1	5	4	7	9
4	7	1	6	3	9	5	8	2
9	5	8	7	4	2	3	1	6

sudoku p 443

2	3	6	1	9	8	7	5	4
8	5	4	7	6	3	1	2	9
9	1	7	5	2	4	8	3	6
4	2	1	9	7	5	3	6	8
5	8	9	6	3	1	2	4	7
6	7	3	4	8	2	9	1	5
1	9	8	2	4	6	5	7	3
7	4	2	3	5	9	6	8	1
3	6	5	8	1	7	4	9	2

sudoku p 480

3	6	9	1	5	8	7	2	4
1	4	8	7	2	3	6	9	5
2	5	7	4	6	9	3	8	1
9	7	4	5	3	2	1	6	8
5	1	2	6	8	7	4	3	9
8	3	6	9	1	4	2	5	7
4	2	5	8	7	6	9	1	3
7	8	3	2	9	1	5	4	6
6	9	1	3	4	5	8	7	2

sudoku p 521

4	2	9	5	1	6	8	3	7
3	7	6	2	9	8	1	4	5
8	1	5	3	7	4	2	6	9
6	5	2	1	8	3	7	9	4
9	8	7	4	6	2	3	5	1
1	3	4	9	5	7	6	8	2
2	6	1	8	4	5	9	7	3
7	4	3	6	2	9	5	1	8
5	9	8	7	3	1	4	2	6

sudoku p 553

6	1	8	4	9	5	7	2	3
7	4	5	1	2	3	6	9	8
9	2	3	6	8	7	4	1	5
4	2	3	9	5	1	3	8	7
3	8	9	2	7	6	1	5	4
5	7	1	8	3	4	2	6	9
1	3	4	5	6	9	8	7	2
2	9	6	7	4	8	5	3	1
8	5	7	3	1	2	9	4	6

sudoku p 572

7	4	8	3	5	9	1	2	6
3	2	9	8	1	6	5	7	4
5	1	6	7	4	2	3	9	8
8	3	7	9	2	5	6	4	1
1	9	4	6	7	8	2	3	5
2	6	5	1	3	4	9	8	7
9	8	2	5	6	7	4	1	3
4	5	1	2	8	3	7	6	9
6	7	3	4	9	1	8	5	2

sudoku p 597

8	7	2	1	4	9	3	6	5
9	3	5	6	7	2	4	1	8
6	4	1	5	8	3	2	9	7
4	6	8	3	9	1	5	7	2
1	5	3	4	2	7	9	8	6
7	2	9	8	6	5	1	3	4
2	8	4	9	1	6	7	5	3
3	9	6	7	5	4	8	2	1
5	1	7	2	3	8	6	4	9

sudoku p 620

1	9	5	2	4	7	6	8	3
3	7	8	1	9	6	2	4	5
2	4	6	3	5	8	1	9	7
4	1	7	6	8	9	5	3	2
5	8	3	4	2	1	7	6	9
6	2	9	5	7	3	8	1	4
7	3	4	8	1	2	9	5	6
8	6	2	9	3	5	4	7	1
9	5	1	7	6	4	3	2	8

sudoku p 631

1	6	5	7	4	3	8	9	2
9	4	3	8	2	1	6	5	7
2	8	7	9	5	6	4	3	1
7	9	4	1	8	2	3	6	5
8	1	2	3	6	5	9	7	4
3	5	6	4	7	9	1	2	8
6	7	9	5	1	4	2	8	3
5	2	1	6	3	8	7	4	9
4	3	8	2	9	7	5	1	6

sudoku p 653

8	6	5	7	4	2	3	9	1
3	9	2	1	5	8	7	6	4
1	4	7	3	6	9	8	5	2
7	8	3	5	9	1	4	2	6
9	1	4	2	3	6	5	8	7
2	5	6	8	7	4	1	3	9
4	2	8	9	1	3	6	7	5
6	7	9	4	8	5	2	1	3
5	3	1	6	2	7	9	4	8

Solutions des mots croisés

mots croisés p 60 - 61

	1	2	3	4	5	6	7	8
1	E	P	E	C	T	A	S	E
2	C	A	R	R	I	O	L	E
3	O	R	G	A	N	E	■	E
4	L	E	O	■	■	■	A	E
5	O	M	N	I	V	O	R	E
6	G	E	O	M	E	T	R	E
7	I	N	M	E	R	A	E	E
8	E	T	E	R	N	I	T	E

mots croisés p 118 - 119

	1	2	3	4	5	6	7	8	9	10	11	12
1	M	I	E	N	N	E	■	H	E	R	O	S
2	E	S	■	O	■	P	O	U	T	I	N	E
3	T	O	N	Y	B	L	A	I	R	■	D	N
4	I	L	O	A	■	O	S	L	O	■	E	T
5	S	A	L	U	E	R	■	E	V	A	■	I
6	S	■	E	■	S	E	V	R	■	P	E	M
7	A	A	■	O	O	■	A	■	C	A	N	E
8	G	R	A	N	D	T	R	I	A	N	O	N
9	E	C	R	U	■	V	A	S	■	A	I	T
10	S	H	I	S	H	A	P	A	N	G	M	A
11	■	E	A	■	B	■	P	R	U	E	■	L
12	O	R	T	H	O	P	E	D	I	S	T	E

mots croisés p 290 - 291

	1	2	3	4	5	6	7	8	9	10	11	12
1	R	O	B	I	N	E	T	T	E	R	I	E
2	O	R	I	G	I	N	A	U	X	■	■	T
3	C	I	■	S	E	■	P	E	T	A	L	E
4	■	E	U	■	■	P	I	E	R	R	E	■
5	I	N	T	E	R	E	S	S	A	N	T	E
6	■	T	I	R	O	R	S	■	F	I	T	■
7	P	E	L	O	U	S	E	■	O	C	R	E
8	■	■	I	L	P	E	R	■	R	A	E	L
9	S	U	S	H	I	■	I	U	T	■	■	U
10	P	R	E	C	E	D	E	R	E	N	T	■

mots croisés p 452 - 453

	1	2	3	4	5	6	7	8	9	10	11	12	13
1	A	L	B	A	N	I	E	■	P	I	E	C	E
2	M	A	I	S	O	N	B	L	A	N	C	H	E
3	U	V	■	T	■	E	E	I	R	C	■	A	N
4	S	E	S	R	E	V	■	E	C	O	S	S	E
5	E	■	P	O	L	I	S	S	O	N	■	S	■
6	R	A	I	L	■	T	■	S	U	S	S	E	D
7	A	L	L	O	U	A	■	E	R	O	L	C	E
8	S	I	■	G	■	B	D	■	I	L	■	R	R
9	■	T	A	I	L	L	E	C	R	A	Y	O	N
10	B	A	N	Q	U	E	■	I	■	B	■	I	I
11	L	I	E	U	■	S	I	M	I	L	S	E	■
12	E	T	I	E	R	■	G	E	N	E	R	E	R

mots croisés p 650 - 651

	1	2	3	4	5	6	7	8	9	10	11	12	13
1	T	O	U	R	O	P	E	R	A	T	E	U	R
2	■	P	■	I	L	A	■	O	L	■	M	■	U
3	A	U	T	O	P	R	O	C	L	A	M	E	E
4	B	L	E	D	■	A	S	■	E	D	E	N	■
5	B	E	■	E	N	G	A	G	E	A	N	T	E
6	A	N	■	J	E	U	■	A	■	P	E	I	■
7	S	T	R	A	■	A	R	B	I	T	R	E	R
8	S	■	■	N	O	Y	E	■	R	A	■	R	U
9	I	R	R	E	M	E	D	I	A	B	L	E	S
10	D	■	A	I	■	N	I	L	■	L	U	■	E
11	E	M	P	R	U	N	T	E	R	E	N	T	■
12	S	I	■	O	S	E	E	■	U	S	E	R	A

Bibliographie

100 % farces et attrapes de Toto, Éditions Lito

Bla bla, des trucs à dire quand vous n'avez rien à dire, Éditions Tornade

L'Intégrale des perles, Editions City

Les Petites annonces de Libé, Nouveau monde Éditions

Pourquoi les manchots n'ont pas froid aux pieds, Editions Seuil, coll. Science ouverte

Zap'Info, éditions Tourbillon

ANGELI Eve, Mes Evangélismes, Editions Fetjaine

BONTEMPS Michel et Roseline, Mes secrets de santé, éditions Générique

CATHALO Georges et GALÈS Laurent, Perles d'ovalie, Chiflet & Cie

DARMON Gérard présente, Le plus drôle de l'humour américain, Le Cherche Midi

GASTON Delphine et Claire, Miscellanées de France et de Navarrre, Editions City

GAUDET Laurent, Ar-ti-cu-ler, Macha la vache, Kiki la cocotte, Achille le chien, First Éditions

HEINEY Paul, Pourquoi les vaches ne peuvent-elles pas descendre les escaliers ?, EDP Sciences

MARTIN Joël, Le Petit livre des contrepèteries, First Éditions

MAZZA Fabrice, Le Grand livre des énigmes, casse-tête et jeux de logique, Marabout

MCKENNA Paul, Changez de vie en 7 jours, Marabout

PETIOT CORTES Pascal et Patricia, Le meilleur du pire sur la mort, Éditions Adcan

PETIOT CORTES Pascal et Patricia, Le meilleur du pire sur les peuples, Éditions Adcan

POUGET Anne, Le Pourquoi des choses 2, Le Cherche Midi

VANOYEKE Violaine et ENGERER Philippe, Le Sottisier des politiques, Hors Collection

VAUDOISET Dominique, Je crée mes recettes santé-beauté, Plon

Sites Internet
http://tf1.lci.fr/infos/insolite/
http://tf1.lci.fr/infos/insolite/
www.bottin-mondain.fr
www.easygym.com
www3.france-jeunes.net/lire-petits-records-et-insolites-13136.htm
http://www.jemeclate.com/Histoires_vraies_a.htm
www.actualite-de-stars.com/people/004360.html
www.peopleclub.fr
http://humour-blague.com/
http://absolufeminin.nouvelobs.com
http://fr.bluewin.ch
www.trucsmaison.com

Imprimé en Slovénie par Euroteh
Dépôt légal : février 2008